일본 문화론의 변용

KB207653

일본 문화론의 변용

아오키 다모쓰 지음
최경국 옮김

小花

차례

한국어판 서문

　이번에 졸저 『일본 문화론의 변용—전후 일본의 문화와 아이덴티티』가 한국어로 번역되어 출판되는 것은 필자에게 무엇보다도 기쁜 일이 아닐 수 없습니다.

　전쟁이 끝날 무렵 초등학교 1학년이었던 필자에게는 패전의 혼란 속에서 오늘에 이르기까지 "일본인이란 무엇인가?", "일본이란 나라가 세계에서 어떤 위치를 차지하는가?", "일본 문화, 일본 사회의 특징은 어떤 것인가?"와 같은 '아이덴티티'를 묻는 문제가 절실하였습니다. 이 책에서는 일본 문화론으로서 정리된 전후 일본의 '문화와 아이덴티티'를 묻는 일련의 대표적인 저서와 논문을 약 50년이라는 시간의 흐름 속에서 자리 매김하고, 그 의미를 검토하였습니다. 물론 각주에서도 언급한 대로 모든 대표적인 저작을 망라하고 전망하려 한 것이 아니라 어디까지나 일본 문화론으로서 각 시대를 상징한다고 생각한 논고들을 필자가 선정하고 다루었습니다. 그러나 이러한 논고들을 검토해 보니 거기에 일본과 일본인을 둘러싼 흥미 깊은 시대의 특징이 나타납니다. '부정적 특수성'으로부터 '긍정적 특수성' 그리고 '보편성'을 구하는 논의 속에서 전후 일본이 경험한 수많은 변화가 부각되어 있는 점을 알게 됩니다.

그러나 일본인이 추구한 '문화와 아이덴티티' 속에서 나타나는 '특수성'의 인식에는 서구와 미국과의 비교만을 염두에 둔 독선적인 자세가 보이고, 한국이나 중국과의 비교, 그 외의 아시아 여러 나라와의 비교는 소홀히 한 일방적인 해석도 눈에 뜨입니다. 이 책에서도 그러한 점을 몇 가지 지적하였지만, 아직 많은 문제점을 남기고 있어서 필자는 속편을 준비하고 있습니다. 필자는 한국이 전후에 '문화와 아이덴티티'를 어떻게 추구하여 왔는가에 깊은 관심을 갖고 있습니다. 졸저의 한국어역 출판을 계기로 양자를 비교 검토하는 기회가 주어져 한국과 일본이 상호 이해를 조금이라도 심화시켜 가기를 바랍니다.

마지막으로 필자의 이 책에 깊은 이해를 보여 주시고 한국어로 번역해 주신 최경국 선생에게 충심으로 감사를 표합니다. 또한 귀중한 일본학총서의 한 권에 포함시켜 출판해 주신 한림대학교 관계자 여러분께 감사를 드립니다.

1997년 5월 도쿄에서
아오키 다모쓰(靑木保)

머리말

　지금으로부터 약 80년 전에 나쓰메 소세키(夏目漱石)[1]는 일본의 개화를 논하며, "실로 어려운 일이라고 탄식을 할 뿐 극히 비관적인 결론"을 낼 수밖에 없다고 서술하였다. 소세키가 말하는 개화란, 소위 '근대화', '사회 발전', '합리화'와 같은 의미를 지니는데, "개화는 인간 활력이 발현되는 결과"이며 거기에는 적극적인 면과 소극적인 면 두 가지가 있다고 한다. 결국 "인간 활력이 발현되는 데 적극적이라는 말을 사용하면 이는 힘의 소모를 의미하게 됩니다. 또 한 가지는 이와 반대로 힘의 소모를 될 수 있는 한 막고자 하는 활동이나 연구이기 때문에 앞에서 말한 것에 비하면 소극적이라고 할 수 있습니다. 이 두 가지가 서로 어긋나서 잘 들어맞지 않아 뒤엉키고 혼란한 상황에서 개화가 시작되는 것입니다."

　소세키의 말은 역설적인 의미를 포함하고 있는데, 힘(활력)을 절약하기 위하여 '합리화'를 이루려고 분투하는 한

---

1) 1867~1916, 소설가. 도쿄대학 졸업. 영국 유학 후 도쿄대학 강사 역임. 그 후 아사히(朝日)신문사에 입사함. 소설 『吾輩は猫である(나는 고양이로소이다)』로 문단의 지위를 확보하였다. 『坊っちゃん(도련님)』, 『三四郎(산시로)』 등 많은 일본 근대소설의 명작을 남김. 소설가로는 유일하게 일본 천 엔짜리 지폐에 등장하는 인물.

편 도락(여가)이나 예술 활동에 적극적으로 참여하면서, 활력을 임의로 소모하려는 근대 생활의 두 가지 면을 합쳐서 개화라 하고, 그것이 맹렬히 진행되는 일본의 현 상황(1903년 당시)에 대하여 비관적이라고 탄식하였던 것이다.

소세키의 비관에는 커다란 이유가 있었다. 결코 개화 자체가 좋지 않다고 비판한 것은 아니다. 단지 개화에는 내발적(內發的), 외발적(外發的)인 면이 있어서 서양은 시간을 들여 내면적으로 발전한 내발적인 개화이고, 일본은 "배타적인 기운 속에서 200년이나 마춰된 끝에 돌연 서양 문화의 자극에 강력한 영향"을 받고 이루어진 개화로 그때까지 내발적으로 전개되어 왔던 것을, "급히 자기 본위의 능력을 잃고 외부의 억압에 의해 어쩔 수 없이 하라는 대로 해야만 하는 상황이 되었다"고 말하였다.

이러한 형태의 개화이기 때문에 상당히 급격한 변화의 단계를 거쳐, 외부의 억압적 힘에 의해 개화할 수밖에 없었다는 점이 비관적인 관점을 낳았다. "시시각각 강요되어 지금에 이르렀는데 그뿐 아니라 향후 몇 년, 아니 아마도 영구히 오늘날처럼 억압당하지 않는다면 일본이라는 나라로 존재하지 못할 테니까 외발적이라 하지 않을 수 없다"고 했다.

일본의 개화에 대해서 소세키가 80년 전에 한 말은 오늘날의 독자들에게 결코 위화감을 느끼게 하지 않는다. 불가사의하게도 미래를 꿰뚫어 보는 힘이 있어서 지금 90년대를 사는 일본인들에게 설득력을 발휘한다. 예를 들면 다음과 같은 말이 있다.

그런데 일본의 개화를 지배하는 파도는 서양의 조류로서 그 파도를 건너는 일본인은 서양인이 아니므로 새로운 파도가 다가올 때마다 자신이 그 속에서 식객처럼 눈치를 보고 있다는 기분이 듭니다. 지금 어떻게든 그곳에서 벗어나서, 지나간 파도의 특질이나 진상을 판단하기도 전에 이미 포기해야만 했습니다. 밥상에 앉아 접시의 반찬을 다 맛보기도 전, 원래 어떤 음식이 나왔는지 확실히 눈에 익히기도 전에, 밥상을 치우고 새로운 밥상을 차린 것과 마찬가지입니다. 이처럼 진행된 개화의 영향을 받은 국민은 어딘가 공허한 느낌을 떨칠 수 없습니다. 이를 두고 마치 개화가 내발적으로 일어난 것으로 여기고 뽐내는 사람이 있다는 것은 좋지 않은 일입니다. 그것은 허위이며 경박한 일입니다.

말할 나위도 없이 소세키가 살았던 시대와 현대는 개화의 정도도 그 달성도도 크게 다르다. 고도 경제 성장과 고도 기술 달성에 따라 일본의 입장도 크게 달라졌다. 구미가 만들어 낸 개화의 흐름을 일본인이 탔다고는 해도 그 조류는 이미 일방적인 흐름이 아니다.

그러면 지금 일본은 안정된 상태인가 하고 묻는다면 그렇지 않다고 생각한다. 경제 대국이며 세계 중심국 중의 하나라고는 하지만 내실이 충실하다고는 결코 말하기 어렵다. "서양인과 교류를 함에 있어 일본 본위로 해서는 절대 잘해 낼 수 없습니다. 교제하지 않아도 좋다면 그것으로 끝나겠지만 한심스럽게도 교류를 하지 않고는 견딜 수 없는 것이 일본의 현 상황이겠지요"라는 소세키의 말은, 서양인에 미국이나 다른 아시아 사람들 그리고 소련 사람들을 포함시킨다면 지금도 적용되는 말이다.

국제화라는 말을 빈번하게 들을 수 있고, 국제 사회에 적응하지 못하는 점이 지적되고 마침내는 '문화 개국(開國)'의 필요성까지 제기되는 일본의 현 상황은 아직도 소세키의 현상 인식과 통하는 부분이 많다. 게다가 이러한 개화에 불만이나 불안을 갖는 사람이 많은 것도, 이 개화가 내발적인 것처럼 주장하는 소리가 높아지는 것도 소세키의 시대와 공통된 상황이다.

일본의 개화가 일본인들에게 경제 대국, 풍요로운 사회를 가져다 준 건 사실이지만 다음과 같은 소세키의 말도 옛이야기가 아니며 오늘날에도 신선한 비판으로 울려 퍼진다.

개화가 이미 어떻게 진행된다 해도 그 개화에 의해 우리들이 안심하는 정도는 의외로 미약한 것이고 경쟁이나 그 외의 사항으로 인해 가슴 태우지 않으면 안 되는 걱정을 계산에 넣는다면 우리들의 행복은 야만 시대와 그다지 다름이 없다는 사실은 앞에서도 말한 바 있습니다. 지금 말한 현대 일본이 놓인 특수한 상황 때문에 우리들의 개화가 기계적으로 변화하지 않을 수 없는 상황에서 단지 피상적으로 이루어지거나 혹은 개화되지 않기 위해 버티기 때문에 신경쇠약이 된다고 생각하면 아무래도 일본인은 안됐다고 말해야 할지 불쌍하다고 해야 할지 참으로 언어도단의 참상이라고 해야 할 것입니다.

　개화의 성공에 의한 풍요로운 사회의 실현이 실제로는 토지 가격 상승이나 물가 상승에 의해서 좁은 집에서 생활하고 과중한 노동으로 나타난다면, 아무리 해외 여행과 포식 그리고 브랜드 상표가 실현된다고 해도 "일본인은 안됐다고 말해야 할지 불쌍하다고 해야 할지 참으로 언어도단의 참상"이라고 하지 않을 수 없는 상황이다.

　소세키가 이러한 개화론을 개진한 이후 일본의 현대사는 우리가 잘 아는 대로 진행되었다. 특히 태평양 전쟁에서 패전한 이후, 즉 전후 시대에는 다시 서양이 만들어 낸 조류의 영향을 받아 개화를 이루어 내야만 했다. 소세키가 느낀 비관적인 개화의 종착역은 다시 일본인의 과제로서 1945년에 다가왔다.

　필자는 요사이 몇 년 동안 소세키의 개화론을 읽을 때마다, 개화를 향해서 나아간 전후[2] 일본인의 자기 인식의

2) 제2차 세계대전이 끝난 이후.

변화를 읽어내고 그 의미를 살펴보고 싶었다. 쇼와 시대(昭和時代, 1926~1989)가 끝이 나고 헤이세이 시대(平成時代, 1989~)가 막을 연 것도 이런 생각을 하게 된 커다란 계기가 되었다.

소세키가 말하듯이 "외국인에게 우리나라에는 후지 산이 있다고 말하는 바보는 이제 없어진 것 같지만 전쟁을 치른 후 일등국이 되었다는 교만의 소리는 여기저기서 들린다. 상당히 자의적인 견해를 갖고 있다고 할 수 있다"와 같은 상황은 현재의 일본에서도 여기저기 보인다.

필자가 '전후 일본의 아이덴티티'를 지금 이 시점에서 자문할 필요성을 느끼게 된 것도 앞에서 서술한 소세키의 글에 강하게 끌렸기 때문이다. 그러기 위해서 전후 일본을 '문화와 아이덴티티'를 추구한다는 점에서 상세하게 되돌아보고자 한다. 문화인류학을 전공하고 많건 적건 내외의 문화 흐름을 직접 접해 본 경험을 토대로 일본의 현 상황을 필자 나름의 관점으로 파악해 보고자 한다. 해마다 해외에서 생활하는 경험이 많아진 일본인들에게 그와는 상반되게 심리적으로 불편해지는 경향이 있다는 것을 느낀다. 국제 사회에서의 일본 비판은 일본인이 보기에 부당한 점이 있다고는 하지만 비판이 존재한다는 점은 부정할 수 없다.

소세키도 "그러면 어떻게 이 급박한 상황을 타개해 나갈 것인가를 질문한다고 해도 앞에서 말한 대로 나에게는

명안이 없다. 단지 될 수 있는 한 신경쇠약이 되지 않을 정
도로 내부에서부터 변해 가는 편이 좋을 것이라는 듣기 좋
은 말밖에는 할 수 없다"고 말하였지만 필자 역시 명안은
쉽게 떠오르지 않는다.

　이럴 때는 과거를 조용히 되돌아보고 그 문제점을 정리
하여 생각해 볼 필요가 있다고 생각한다. 전후 일본의 독
자성 신화를 만들어 내기도 한 '일본 문화론'(혹은 '일본인
론')의 대표적 논문을 그 내용의 변화에 따라 시대를 구분
해서 검토해 보려는 시도는 이렇게 시작되었다.

　"넉살좋게도 제군들 앞에서 어려운 현실을 늘어놓아 행
복한 제군들에게 설사 1시간일지라도 불쾌한 기분을 갖게
한 일은…." 이렇게 개화에 대한 자신의 견해를 토로하고
나서 말을 시작하였지만 '일본 문화론'을 검토하여 이끌
어 낼 결과에도 그러한 점은 있다고 생각한다. 그러나 풍
요로운 사회 일본의 현 상황에 결코 긍정적인 면만 있지
않은 것처럼 부정적인 면도 있으므로 이것까지 포함하여
일본과 국제 사회의 발전에 기여하기 위해 이제부터 '일
본 문화론'의 변용을 살펴봄으로써 그 문제점을 고찰하고
자 한다.

　더욱이 오늘날 국제 사회의 동향은 일본인들이 간과해
서는 안 될 만큼 격렬하다. 그 움직임은 일본과 일본인에
게 결코 유리하다고는 할 수 없다. 유리하기는커녕 1990년
에 들어 일본을 둘러싼 국제 정세가 더욱 어려워졌다는 점

은 부정할 수 없는 사실이다. 이렇게 급격하게 변화하는 세계 속에서 어떻게 대처해 나갈 것인가는 모든 측면에서 논의되어야 할 문제이다.

미일 관계도 '미일구조협의'에서 단적으로 볼 수 있듯이 무역상의 마찰을 해소하기 위한 목적이 있다고는 해도 미국측의 대일 요구에는 '일본 시스템' 개혁이 포함되어 있다. 또한 일본이 요즘 몇 년 동안 해 온 미국 부동산이나 영화 회사의 매수에 관해서도, 경제 행위로서의 시비를 살펴보지 않더라도 문화적·심리적 영향이 미국인에게 커다란 파문을 던지고 있다. 경제 행위에는 커다란 문화적 의미가 포함되어 있다. 속칭 '일본 때리기'로 불리는 현상인 일본 제품을 때려 부수는 과시적이고 야만적인 표현은 논외로 접어 두고 록펠러센터 빌딩이나 명화들의 매수 행위가 주는 일본의 존재 과잉에 대한 반발이 오히려 사람들의 마음속 깊이 존재한다고 말할 수 있다.

게다가 매년 해외에 나갈 때마다 느끼는 점은 세계 곳곳에 일본 상품이 범람하고 일본이 어디에나 진출하고 있다는 징후를 질리게 지켜보면서도 실제로는 일본과 일본인의 고립 상태가 현저하게 눈에 띈다는 것이다. '일본 때리기'는 '일본 봉쇄'가 되어 흐름을 멈추지 않고 있고 곧 '일본 비판'으로 이어지고, 그 형태와 모습을 바꾸면서 이제는 국제 사회 곳곳에서 발견된다.

이러한 일본 비판에 대해서 일본측에도 반론의 여지는

충분하다. "미국 기업의 매수도 영국인이나 호주 사람이 같은 일을 했다면 '외국에게 먹혔다'고 반발하지 않을 텐데 일본인이 하면 비난을 받는 것은 불공평하다는 지적과 함께 좋은 제품, 우수한 기술과 능력을 지닌 자가 진출하고 지배하는 것은 당연한 일인데도 일본의 행위에 대해서는 반발하고 비판하는 구미측에 문제가 있다고 지적할 수 있다. 아무런 부당한 일을 하지 않았는데 일본인만 양보할 필요는 없다"라는 반발도 강하게 제기된다. 근대 역사에 비추어 대국(大國)의 지배와 쇠퇴를 논하며 일본의 입장을 정당화시키는 논의도 있고, 구미의 쇠퇴에서 일본의 현재를 푸는 의견도 있다. 더욱이 요즈음 미국의 요구에 대해서 극히 감정적인 반발을 하는 입장도 보인다. 그들의 목소리도 소세키가 말한 바와 같이 교만한 울림으로 들리는 경우가 많다.

이러한 정세 속에서 '일본 문화론'의 변용을 검토함으로써 다시 한 번 전후 일본의 '문화와 아이덴티티'의 문제를 고찰해 보고자 한다. 필자는 수년간 여러 국제 집회에서 특히 아시아에서 온 출석자, 참가자들로부터 "일본은 거의 미국화, 서양화되어 버렸다고 생각되는데 일본 문화와 전통이 존재한다고 말할 수 있는가?" 하는 질문을 받는다. 아시아 나라들 중에 적어도 외견상으로는 일본이 가장 미국화(서양화) 또는 근대화를 이룬 나라이며 사회인 것처럼 보인다. 의식주 등 모든 일상생활 곳곳에 그러한 모습이 나타나는 것도 명백한 사실이다.

현재의 생활에서 무엇을 가지고 일본 문화, 일본의 전통이라 할 것인가 하는 점은 결코 쉬운 일이 아니다. 아시아 사람들의 질문에 대답하는 일도 실제로 매우 어렵다. 다도(茶道)나 꽃꽂이 그리고 노(能 : 일본의 전통 연극. 움직임을 절제하고 탈을 쓴다)나 가부키(歌舞伎 : 일본의 전통 연극. 무대가 화려하고 연기자의 움직임도 빠르고 현란하다)라는 대답은 참다운 대답이 되지 못한다. 생활 속에 있는 문화가 아니면 안 된다. 그 생활 속에 있는 것은 전혀 전통과는 상관없는 것뿐이다. 일본어는 확실히 존재한다. 그러나 그 내용은 현저하게 변화했다. 이제 로마자는 한자, 히라가나, 가타카나에 이어 네 번째 일본 문자가 되었다. 사회에 범람하는 외국어와 광고에 등장하는 외국인과 외국의 이미지는 얼마나 많은가. 아시아 사람들이 아니라 할지라도 일본 문화는 어디에 있는가 하고 당연히 의심할 만하다.

그와 동시에 미국이나 서유럽으로부터 외관상으로는 근대 사회이지만 그 내부는 전근대라고 비판받으며 일본 시스템을 개량하라는 요구를 받는다. 근대 시민 사회의 기본 조건인 인권이나 프라이버시 등을 지키는 점에서 아직 부족하다는 비난을 받는다. 대학에서나 기업, 심지어 가족 관계에까지 국제화가 이루어지지 않은 국가라고도 한다.

일본은 지금 다시 자신만의 문화와 아이덴티티를 추구하기 위해 노력하고 있다. 이상과 같은 여러 가지 일들이 이제부터 이 책에서 시도해 보려는, '일본 문화론'의 변용에 관해 고찰하도록 만들었다.

1. 전후 일본과 '일본 문화론'의 변모

  전후의 일본 사회, 1945년 이후 시대를 포착하는 방법은 여러 가지가 있을 수 있다. 쇼와가 끝나고 헤이세이로 들어선 지 벌써 2년이 지났다. 쇼와 시대가 지나갔어도 그 시대가 지닌 '무게'를 생각해 보면 요즈음도 그 시대가 지나갔다는 사실이 거짓말처럼 생각되는데, 최근에 일본을 둘러싼 국제 관계, 예를 들어 한일 관계나 미일 관계의 긴박함과 곤란함은 아직 전후 시대가 끝나지 않았다는 것을 역으로 느낄 수 있게 한다.

  패전과 점령 시대에 대한 기억도 옅어지고 있지만, '전후 일본'은 무엇이었나를 냉정하게 검토할 시기가 되었다.

  헤이세이 시대에 쇼와를 회고하고 검토하는 일도 큰 과제이지만, 필자에게는 전후 일본을 어떻게 파악할 것인가가 더 중요한 문제이다. 태평양 전쟁의 패배가 가져왔던 혼란과 결핍을 온몸으로 체험하며 자라 온 사람에게는 폐허파(전쟁의 폐허 속에서 출발했다는 의미)보다도 전후파(戰後派)라고 하는 것이 적당하다. 의식주부터 일본어 사용까지 일본 문화의 격심한 변화를 체험하며 전후(戰後)라고 불리는 시간 그 자체를 몸으로 느꼈기 때문이다. 이런 약 45년간의 추이, 서서히 결핍에서 충족에 이르는 과정을 살아온 것을 실감한다. 점령군, 주둔군 병사로부터 초콜릿과 추잉껌을 받고, '미국화'를 합창하며, 혼란했던 세상을 더듬어 왔다는 기분이 강하다.

그러한 체험과 기억이 아직 남아 있는 동시에 경제 성장과 윤택한 사회에 대한 은혜도 맛보아 왔다. 점차 세계로 진출하여 국제 사회를 경험하고 일본을 외부에서 보면서 오늘날 세계 속에서 '일본인으로 존재한다는 것'의 의미를 스스로 묻지 않을 수 없는 상태에 놓이게 되었다.

그런 중에 쇼와가 끝나고 헤이세이가 시작되었다. 다시 한 번 제2차 세계대전 후의 약 45년을 어떻게 평가할 것인가를 생각해 보려는 시도가 자연히 생겨났고, 어떻게든 필자의 전문 영역에서 포착 가능한 시야로 회고와 전망을 시도해 보고 싶다고 생각하게 되었다. 물론, 전후 일본의 변화를 파악하려는 시점은 다양할 것이다. 패전부터 오늘날까지 시대 구분을 시도할 경우, 그 지표로서 정치라든지 경제의 변화와 발전, 공업화의 정도, 근대화의 달성도, 사고라든가 사건 따위의 다양한 일을 생각할 수 있을 것이다. 이미 많은 시도가 여러 분야에서 행해지고 있기 때문에[3] 그래서 필자는 필자의 전공 중에, 특히 최근에 관심을

3) 예를 들면 正村公宏, 『戰後史』 上·下, 筑摩書房, 1985 ; 山口正之·菊

갖고 있는 일본 문화론의 변모를 고찰하고자 한다.

1945년 이후 일본에서 시간이 경과함에 따라, 일본 문화를 어떻게 파악해 왔는가를 현재 헤이세이 시대에 새롭게 검토해 보고 싶다. 문화를, 문화인류학의 극히 일반적인 사고 방식을 좇아, 생활 양식으로부터 사회구조, 게다가 가치와 의미까지 포함하는 넓은 뜻으로 생각해 보자. 일본 문화라고 말하는 경우, 거기에는 일본인의 행동 양식부터 사회 관계라든지 제도·조직 그리고 예술과 종교까지 포함된다.

그러나 여기서는 일본 문화론을 지표로 하는 경우이므로, 그러한 넓은 의미의 일본 문화가 어떠한 모습으로 파악되어 왔는지에 대해서 어디까지나 일본 문화를 논하는 수준에 한정하여 검토하겠다. 이 수준에서 일본 문화론을 검토하면서 전후 일본을 시대 구분하고 거기에 함유된 의미를 찾아보고자 한다.

1945년 이후의 일본으로 한정한 것은, 제2차 세계대전에서 일본이 패배했다는 사실로부터 시작된다. 일본 역사에서 처음으로 패전을 경험했고 원폭 투하와 천황의 '인간 선언' 등 역사적으로 한 번도 없었던 사건이 일어남으로써, 일본의 재생이 전국민의 과제가 되었다는 것은 말할

井禮次 編, 『現代日本社會の構造變化と國際化』, 有斐閣, 1986 ; 富永健一, 「保守化とポスト·モダンのあいだ—日本戰後史における '近代化' の 到達点—」, 『世界』 1989년 3월호.

나위도 없다. 그런 재생 과정이 일본인 스스로의 회복 과정으로서 어떠한 형태를 취해 왔는가를, 전후 일본(1945년 이후)이라는 제한된 시간 속에서 거슬러 가기에 일본 문화는 좋은 단서를 제공해 준다. 게다가 그 과정에는 필자 자신도 한 일본인으로서 참가해 왔으므로 경험을 반추하면서 변화 과정을 일본 문화를 통해서 검토해 보고 싶은 것이다. '아이덴티티' 혹은 '자기 동일성'의 추구를 연구하는 데에는 재생(회복) 과정을 쫓아가는 편이 쉽다는 이유도 있다. 일본 문화론은 일본의 역사를 통해서 존재하며, 근대 일본 초기부터 일본 및 일본인을 규정하려는 다수의 시도가 있었다. '머리말'에서 언급했던 나쓰메 소세키의 경우를 포함해서 누구나 다 아는 유명한 논문 · 에세이가 이 분야에서 탄생하였다.

그러나 여기서는 어디까지나 전후에 한해서 전후 일본 및 일본인이 일본 문화론에서 어떻게 파악되어 왔는가를 살펴보는 일로 좁혀서 생각해 보고 싶다. 물론, 전후 일본이라는 영역을 설정하는 방법 자체에 의문을 보일 수도 있다. '이미 전후가 아니다'라는 말이 나온 지는 오래되었고 70년대의 경제 성장을 거친 후에도, 아직까지 전후에 구애되는 것은 이상하다는 의견도 나올 수 있다. 그렇기는 하지만 전후는 계속되고 있다. 그보다 전후에 생겨난 가치와 제도를 총 점검해야 할 시기가 되었다고 지금 90년대 초에 비로소 말할 수 있게 되었다. 일본의 안팎에서 소위 전후 체제(체제라고 하는 말이 좋지 않다면 전후 시스템)의 재검토를 촉구하려는 움직임이 존재하고, 그것보다도 훨씬 중대한 문제로, 21세기를 준비하기 위해서 일본 시스템을 개편할 필요가 있다고 모두가 느끼고 있다. 예를 들면, 80년대 후반부터 한참 부르짖고 있는 '국제화'의 문제를 생각해 보더라도 국제화가 요청하는 것은 일본 시스템의 개편이고, 그 개편은 전후 시스템의 재검토에서 탄생되기 때문이다.

'전후 일본은 이 개편이 행해지지 않고는 끝이 나지 않는다'라고 말할 수 있다. 그렇게 과장하지 않더라도, 태평양 전쟁이 끝나고 나서 약 45년이라는 시간이 흐르는 동안에 생겨난 '일본인'과 '자기 인식의 변화'를 일본 문화론의 변화를 좇아가며 파악하는 정도만이라도 분석해 보고자 한다. 그런데 문화론적으로 본다면 전후 일본은, 일본의 전통적인 생활 양식으로부터 가치관에 이르기까지 모든 요소들이, 요즘 20세기의 공업·도시 문명에 의해 침식되고 변모되면서도 그것을 소화하고 동화하려고 해 왔던 시대라고 할 수 있다. 외부의 번성한 문명의 영향을 받으면서 전체적인 일본 문화를 창조해 나가려고 하는 움직임은 일본의 역사를 통해서 꾸준히 행해졌다. 특히 메이지(明治 : 1868~1912) 이후 근대 일본 건설에서 그것은 격심하고 극적인 변화 형태를 가져왔지만, 전후 일본은 패전에 따른 일본 사회 전체의 재건이라는 과제하에서 수동적 태도로 새로운 근대화를 재시행해야 했다. 일본인에 의한 근대화의 재시행이기는 하지만 그 재시행 과정은, 전쟁의 승자인 미국과 서구가 만들어 낸 근대라는 세계의 커다란 영향 하에서 여러 가지 표현과 모양을 취해 왔다. 어수선한 시간이 흐르는 동안에 커다란 시행착오도 있었다. 외견상으로는, 예를 들어 도쿄라는 거대 도시의 출현은 '근대화' 달성에 성공했음을 나타내는 것이기도 하다. 패전 후 일본을 점령했던 미국에 의한 개혁은 헌법 및 교육 제도로부터 언어에까지 이르고 있다. 단적으로 말하자면 아시아에서도 일본은 가장 미국화되어 있는 사회이며 국가이다. 미국의 식민지였던 필리핀과 비교해도 일본의 미국화는 남다른 면이 있다. 그럼에도 현재 '미일구조협의'에서 미국이 일본에 개선을 요구하는 사항은 '일본 시스템'이 변하지 않았다거나 독자적인 전개를 취한다는 점이다.

게다가 전통이 변하고 사회가 어떻게 변한다 해도 사람들의 근본적인 마음에 그리고 행동 양식에 핵이 되는 무언가가 있다는 의식이 존재하는 것도 사실이다.

예로부터 '일본 고유의 정신을 유지하며 서양의 학문과 지식을 배운다(和魂洋才)'라는 말이 있듯이 사람들은 설사 외관이 못 알아볼 정도로 바뀌어도 무엇인가 변하지 않고 '존속'한다고 믿고 의지하려 한다. 아무리 현대 문명에 의해 변화가 강요되더라도, 혹은 전후 일본을 덮쳐 온 가장 큰 외부에 의한 변화라고 할 수 있는 '미국화(아메리카나이즈'를 실제 생활에서 찾아볼 수 있다 하더라도, 일본인이라는 사실과 그 문화의 연속성과 지속성은 변하지 않는다는 강한 의식이 존재한다. 그 근거가 되는 것은 '일본 문화의 존속', 즉 일본인이라고 전체적으로 표현되는 무언가가 확실히 있다는 의식이다. 근대 일본을 거치며 어떠한 변화에서도 이 '일본 문화의 본질'은 잃어서는 안 된다고 생각되어 왔다. 다시 말해, 그 본질을 잃어서는 안 된다는 말은 일본의 정신(和魂)이 있는 한 아무리 외관이 변해도 상관없다는 주장을 말한다. 일본의 문화와 전통은 '근대화나 미국화' 또는 일반적으로 말해서 현대 문명화의 급속한 진전에도 불구하고 없어지지 않고 존속하고 있는, 아니 존속되어야 할 것이라고 생각한다. 이러한 점에서 일본인에게서는 문화와 아이덴티티(자기 동일시) 사이에 강한 연결고리가 보이지만, 전후 일본의 패전에 의한 재시도라는 어떤 의미에서는 굴절된 형태로 이루어진 재출발이었기 때문에 그 연결상은 복잡한 형태를 띤다.

전후 일본인이 아이덴티티의 대상으로서 '일본 문화'를 말할 때 그것을 포괄적인 전체로서 파악한 후 외국이나 다른 문화와의 비교를 통해 논의한 것이 소위 '일본 문화론'이다. 여기서 일본 문화론이라고 말하는 경우에도 여러 가지 논의가 함께 포함되어 있다. 일반적으로 '일본인론' 및 '일본 사회론' 등은 전체로서의 일본인과 그들의 심리, 문화, 사회를 취급한 것을 포함한다. 여기서는 그에 대한 상세한 분류를 하지 않겠지만, 일본 문화론을 이렇게 넓은 의미에서 파악해 두고 싶다. 역으로 상세한 분류를 함으로써 전체적인 성격의 의미가 손실될 수도 있다고 생각하기 때문이다. 또한 일본 문화는 어디까지나 전체로서 존재하기 때문이다.

전후 40여 년간에 일본인과 그 문화, 사회에 대한 시각도 크게 변했다. 그 변화는 지금부터 서술할 몇 가지 시기 구분을 가능하게 만들었지만 각각의 시기에는 말하자면 그 시기를 창출한 '일본 문화론'이 존재하며, 그것을 근거로 전후의 시간 흐름을 파악할 수가 있다.

필자 자신은 이 점에 대해서 이미 간단하게 시기 구분을 표시한 바 있지만, 지금 다시 새롭게 검토해서 어느 정도 수정한 형태로서, '일본 문화론'으로 본 전후 일본의 시기 구분을 설정하고자 한다.[4]

소위 '일본 문화론'으로 분류되는 단행본이나 논문의 수는 상당한 양이 된다. 자주 인용되는 노무라종합연구소가 1979년 3월에 발표한 『전후 일본인론』 연표에 나와 있듯이 1946년부터 1978년까지 32년 동안에 출판된 '일본 문화론'(노무라종합연구소가 말하는 '일본인론'은 거의가 여기

---

[4] 처음 시기 구분을 시도한 것은 1988년 3월 외무성에서 열린 〈일본 연구의 현재〉라는 심포지엄인데 그 요지는 「전후 일본의 문화와 아이덴티티의 추구」, 『국제 포럼통신』 제5호, 1988년 12월, 2~9쪽에 게재되었다.

서 말하는 '일본 문화론' 과 겹친다)은 단행본만 해도 698권이 넘는다.[5]

논문이나 에세이는 포함되어 있지 않으니 이런 것까지 모두 포함한다면 1,000점은 넘을 것이며, 1978년부터 현재까지의 10년간 일본 문화론의 생산량을 생각해도 충분히, 2,000점은 넘을 것으로 생각된다. 물론 2,000점을 넘는 '일본 문화론' 이 전부 의미 있다는 것, 생각할 만한 가치가 있다는 것은 아니다. 스탠포드대학의 하루미 배후 교수는 '일본 문화론' 은 이데올로기이고, 대중 소비재라는 평가를 내렸으나, 이데올로기에 대해서는 별도로 이야기하기로 하겠다. 그리고 그곳에 여러 가지 종류의 논점이 포함되어 있는 것은 사실이다.[6] '학술적인 연구서나 연구 논문' 과 '일반적, 통속적인 소비재' 를 구분하는 일도 가능할지 모른다. 배후 교수가 주장하듯이 발표된 잡지가 학술지인지 일반지인지 하는 구분도 가능하기는 하다. 그러나 일본에서는 학술지 및 일반지의 구분을 내용으로 보고 쉽게 판단할 수 있는 것은 아니다. 뛰어난 학자의 우수한 논문이 일반지에 나오는 일도 적지 않고 그중에는 학문적으로

---

5) 野村總合研究所·情報開發部 編輯, 『戰後日本人論年表』, 野村總合研究所, 1979.

6) Harumi Befu, 『イデオロギ-としての日本文化論』, 思想の科學史, 1987. 특히 제2부에 서술된 「'日本文化論' とは何か」의 '日本文化論は大衆消費財' 를 참조

한 시대를 풍미한 논문도 포함되어 있다. [7]

많은 경우 일본 문화론에는 핵심이 되는 특정 연구, 그리고 거기에서 파생된 통속론이 보이며, 그 파생된 통속론이 극히 대중적 현상이 되어 일본 문화론을 대중 소비재로 만든다. 일본 문화론이 사회 현상이 되는 것은 이같이 파급 효과가 강하기 때문이며, 결국 보내는 사람과 중계자와 받는 사람 사이의 특수한 일본 문화론적 관계가 성립되어 있다고 말할 수 있다.

그러나 필자는 일본 문화론을 정론이냐 통속론이냐는 구분에는 그다지 집착하지 않겠다. 여기서 취급하는 일본 문화론은 그야말로 핵심 부분으로, 거기에서 파생된 대중 소비재적 메시지도 무시할 수 없고, 하나의 시기를 대표하는 것으로 인정되기 때문이다.

그러므로 필자가 여기서 전후 일본의 일본 문화론으로 거론하는 것은, 방금 서술한 분류에 관한 논의를 염두에 두고 "일본인이란 무엇인가?", "일본 사회란 무엇인가?", "일본 문화의 성격이란 무엇인가?", "일본의 자리 매김은

---

7) 베후 교수가 지적하고 있는 대중 소비재적 논고가 학술 전문지가 아닌 종합 잡지에 실리는 것을 대중 소비재로 보는 점에는 문제가 있다. 베후 교수가 학술적으로 신뢰하고 있는 무라카미 다이료(村上泰亮) 등의 『문명으로서의 '이에' 사회』도 오리지널은 『中央公論』에 실렸던 것을 감안한다면 구미 저널리즘의 잣대로 판단할 수 없다고 생각한다. 일본에서의 종합 잡지가 담당하는 역할은 학문적 영역에까지 이르는 것을 지적해 두고 싶다.

어떻게 될 것인가?" 하는 일련의 설문에 어떠한 형태로든 답한 전체적인 일본에 대한 논고이다. 현재를 기준으로 한 것이며 그것이 시대의 흐름을 바꿀 수 있는, 그야말로 논단이나 지식 사회의 큰 화제로서 경향을 바꿀 만한 영향력이 있는 것, 게다가 베스트 셀러가 되었고 또한 자주 인용되어서 일반적으로도 널리 알려졌다고 보는 저서나 논문일 것을 기본적 조건으로 하고 싶다. 뒤에 서술하겠지만, 전후 각 시기에는 반드시 그 시대를 파악할 수 있는 논문과 글들이 출현했기 때문이다. 물론 여기서 필자가 검토의 대상으로 문제삼은 '일본 문화론'은 선택적이고 주관적인 것이다. 이 책과는 다른 방식으로도 선택할 수 있지만 그 가능성은 일단 접어두고 하나의 시도로서 이하 서술하는 '일본 문화론'의 변용을 이끌어내려 한다.

  1945년 8월 일본이 연합국에 항복하여 태평양 전쟁에 패한 이래, 19세기 후반에 시작된 근대 국가 건설이 근본적인 반성을 거칠 필요가 있게 되었다. 탈아입구(脫亞入歐 : 아시아에서 벗어나 서구의 대열에 들어서는 것)로 이룩하는 부국강병, 아시아에서 구미와 같은 대열에 서는 선진 공업 국가, 근대화 달성, 이같은 국가 목표는 패전 때문에 크게 좌절되었다. 전쟁 전과 전쟁중의 군사 대국 일본의 이미지는 어둡게 변하고, 군부 독재와 황국사관에 의한 지배에서 민주주의 국가와 인간 천황 선언에 따른 근대 시민 사회 실현으로 국가 목표도 크게 변했다. 패전 후의 일본은 군대가 없는 평화 국가, 평화 헌법과 상징 천황을 받아들인 민주주의 사회, 자유주의 체제 아래에서 경제 사회의 건설을 주창하는 새로운 국가 목표를 향해 출발했다. 그러나 비참한 패전에 따른 물자의 궁핍과 정신적 좌절 속에서 재출발할 때 큰 문제가 된 것이, 일본 및 일본인이 세계에서 차지하는 위치를 묻고 재출발의 가능성을 찾는 일이었다.

"일본인이란 무엇인가?", "일본 사회의 특성은 어디에 있는가?", "일본 문화의 의미와 가치는 무엇인가?" 하는 질문을 일본인 자신들도 또 외국인들도 제기하고, 여러 가지 각도에서 검토가 가속화되어 많은 견해가 생겨났으나 이와 같은 문답은 이후 40년 이상에 걸쳐 끊임없이 이어져 왔고, 지금도 일본 내외에 많은 논제를 불러일으키고 있다.

점령군 총사령관 맥아더 장군이 패전의 혼란중에 자신을 잃고 괴로워하는 일본인을 평하면서 "정신 연령은 12세다"라고 한 말은 많은 일본인에게 심각하게 받아들여져 근대화＝민주화의 실패를 상징하는 말로 생각하게 되었다. 패전에 따른 무력감이 지배하는 가운데 귀축미영(鬼畜米英 : 전시의 슬로건으로 사용된 말로서 잔혹한 행동을 하는 미국, 영국)에서 완전히 뒤바뀌어 구미를 선진 모델로 우러러보는 국가와 사회의 재구축이라는 과제를 짊어지게 되었다. 그런 가운데 전후 일본을 지배한 인식의 기본적 틀이 재설정되었다. 이는 항상 구미와 비교하거나 다시 탈아입구의 시점에서 일본을 파악하는 틀을 말하며, 다소 변형은 있지만 전후 일본을 통해서 계속 강조된다. 이러한 점에서 흑선(黑船 : 일본 개국을 무력으로 강요한 서양 군함을 칭함) 출현 이래 '제2의 개국'이 시작된 셈이고, 일본은 다시 선진 모델을 목표로 돌진하게 되었다. 일본인을 자리 매김하려는 시도는 그 후 여러 방식으로 이루어졌으며, 일본 문화론의 기본은 이러한 시도에 있다. 이것은 근대 국가 건설과 패전에 따른 좌절로부터 일본인의 가능성을 찾는 필연적인 학문인 동시에 사상적인 행위이기도 하며, 이 작업은 바꾸어 말하면 '문화'와 '주체성'을 연결시키고자 하는 노력이다. 이는 몇 번인가 시기적 변화를 겪는다. 일본의 공업화와 경제 성장, 사회 발전과 함께 '일본 문화론'도 몇 번의 변화 단계를 거쳐 오늘에 이르렀을 것이다.

그 과정과 단계를 1945년부터 현재에 이르는 시간의 흐름 속에 '일본 문화론'의 내용 변화에 따라 네 시기로 나누어 파악하고자 한다.

이미 서술한 것처럼 각 시기에는 시대를 구분하는 대표적 논고가 있다. 그러나 각 시기를 엄밀하게 구분할 수는 없고, 계속되는 시간의 흐름 속에서 서로 얽혀 있는 부분이 인정되는 것이 사실이다. 그래서 대표적인 '일본 문화론'에 따른 시기 구분에서도 비슷한 성격을 가지는 것이 앞뒤로 나타나는 경우가 있다. 하지만 이러한 구별이 그 시기를 구분하는 '일본 문화론'과 함께 분명히 존재하는 것으로 판명된다.

네 시기는 다음과 같다.

1. 제1기 — 부정적 특수성의 인식(1945~54)
2. 제2기 — 역사적 상대성의 인식(1955~63)
3. 제3기 — 긍정적 특수성의 인식
　　　　　전기(1964~76), 후기(1977~83)
4. 제4기 — 특수성에서 보편으로(1984~　)

이상 네 시기로 나누고 전후 일본에서의 문화와 자기 동일시의 관련성을 검토해 보자.

그러나 그전에 검토해야 할 문제가 있다. 필자가 여기서 '일본 문화론'이라고 할 경우 그 모델의 하나로서 루스 베네딕트의 『국화와 칼』이 있다. 전후에 재빠르게 이 책이 번역 출판된 이래, 많든 적든 그 후의 '일본 문화론'은 이 책의 영향을 받고 있다. 설령 다른 책에서 전혀 인용을 하지 않았다 하더라도 『국화와 칼』의 영향은 어디에선가 발견된다. 게다가 적어도 '일본 문화론'을 시도하려는 사람이라면, 1948년 『국화와 칼』이 번역 출판된 이후 이 책을 읽지 않았을 리 없고, 만약 읽지 않았다 할지라도 대충의 내용을 알지 못할 까닭이 없기 때문이다.

이것이 전후의 '일본 문화론'을 검토하는 데 먼저 『국화와 칼』을 검토하는 이유이다. 예외는 있을지도 모르지만

『국화와 칼』은 절대로 무시될 수 없는 '일본 문화론'이다. 그럼, 이 책은 어떤 성격의 '일본 문화론'인가.

2.『국화와 칼』의 성격

　　일본 문화론을 생각할 경우, 1946년 초판된 후 1948년
번역 출간된 미국의 문화인류학자 루스 베네딕트의『국화
와 칼』을 빼 놓을 수 없다.[8] 패전 후의 혼란한 가운데 이
번역판에서 처음으로 일본인이 아닌 외부인이 "일본인은
누구인가?", "일본 문화는 무엇인가?" 등등에 관해 생활 양
식에서부터 가치관에 이르기까지 전모(全貌)를 제시했다.

　　이 책에 대하여 가와시마 다케요시(川島武宜)는 1950년
에 다음과 같이 기술하였다. "무엇보다도 먼저 이 책에 대
해서 말하지 않으면 안 되는 것은, 저자가 일본에 한 번도
가 본 적이 없으면서 이렇게 많고 중요한―언뜻 보기에는
극히 사소하고 일상적인 것임에도 불구하고 사실은 정말
로 중요한―사실들을 모아 그에 기초한 일본인의 정신생

---

8) Benedict, R., *The Chrysanthemum and the Sword : Patterns of Japanese
Culture*, Boston : Houghton Mifflin, 1948(ルース ベネディクト,『菊と刀
―日本文化の型』上・下, 長谷川松治 譯, 1948. 敎養文庫全一冊版,
1964).

활과 문화에 대하여 생생하게 전체 상을 그려 내고 분석하여, 기본적이면서도 전체적으로 결정적인 의미를 가진 여러 가지 특징을 이끌어 낸 저자의 대단히 경이로운 학문적인 능력에 대해서이다."

이시다 에이이치로(石田英一郎) 편집장이 펴낸 문화인류학회지 『민족학 연구』에서는 「국화와 칼」이라는 특집을 펴냈다. 앞에서 인용한 가와시마의 문장은 권두에 "평가와 비판"이란 제명으로 기고된 『국화와 칼』론의 일부이다. 이 특집호에는 가와시마 이외에도 미나미 히로시(南博), 아리가 기자에몬(有賀喜佐衛門), 와쓰지 데쓰로(和辻哲郎), 야나기다 구니오(柳田國男) 등이 논고를 보냈으나 문화인류학자는 한 명도 참가하지 않았다.[9] 이런 일은 당시 일본 문화인류학회의 빈곤을 보여 주는 일임에 틀림없다. 『국화와 칼』이 1948년에 출판되고 1951년에 문고판이 나와 1988년 2월에는 78판 재판되고 백만 부를 넘은 대중 베스트 셀러가 되어 현재까지도 읽히는 희유의 번역서임에도 불구하고, 이 책에 대해 일본의 문화인류학자가 정면으로 비판을 가한 일은 없었다. 오히려 타분야 및 일반 독자들로부터 대단한 지지를 받은 책이라 하겠다.

당시 이 번역서의 광고에는 "이 책 때문에 천황 제도의

---

9) 川島武宜, 「評價と批判」, 『民族學研究』 제14권 제4호, 1950년 5월. 다른 논자는 대개 베네딕트의 일본 문화 이해에 비판적이다.

존속이 결정되었다"라고 씌어 있었다고 하는데, 패전 후 일본의 전통 문화에 대하여 특히 그 '독자(獨自) 시스템'을 평가했다는 점에서 『국화와 칼』의 영향은 대단했다. 미국 사람에 의한 일본 문화의 전문적 연구이며, 게다가 일반 독자들도 이해하기 쉽게 '구미'와의 차이를 기축으로 하여 그 전체를 상세히 분석하고 앞으로의 가능성까지 서술한 이 책에 대해 관심도 컸지만, 그러한 광고를 보더라도 이를 어떻게 받아들였는가 하는 점을 알 수 있을 것이다.

『국화와 칼』이 문화인류학 연구로서는 극히 이례적인 것 또한 사실이다. 먼저 일본에 한 번도 가 보지 않은 상태에서 연구하였다는 점—무작위로 모은 정보원(전설, 영화, 아메리카 거주 일본인, 귀화하거나 포로가 된 일본인과의 인터뷰, 연구서, 신문 기사, 라디오, 호사가의 문장, 소설, 의회 연설, 군사 정보국 보고 등)으로부터 얻은 방대한 양의 광범위한 자료—을 들 수 있다.

이것은 인류학 연구의 원칙에 상반된다고 생각하지만 그렇게 하지 않을 수 없는 사정이 있었다는 것은 말할 나위도 없다. 연구 대상이 된 일본인, 일본 문화가 "일본인은 미국이 이제까지 거국적으로 싸워 온 적들 중에서 가장 그 마음을 알 수 없는 적이었다. 대국을 적으로 한 싸움에서 이처럼 심하게 다른 행동과 사상관을 고려해야 할 필요성을 느낀 적은 지금까지 없던 일이기" 때문이고, 이 책을 기반으로 한 연구는 적국 일본을 이해하기 위하여 1944년 6

월 일본과 교전중이었던 미국의 전시 정보국으로부터 위촉되었기 때문이다. 이러한 점이 두 번째로 이례적인 것이다.

베네딕트는 "필자는 일본인이 어떠한 국민인가를 해명하기 위하여 문화인류학자로서 필자가 이용할 수 있는 모든 연구, 기술을 이용하도록 의뢰받았다"고 기술했다. 1944년 6월은 일본이 항복을 1년 2개월 앞둔 시점으로 어느 정도 전쟁의 결말을 예상할 수 있었고 태평양 전선에서는 연합군의 대공세가 시작된 때였다.

당연히 『국화와 칼』은 전쟁 후 일본 점령이 시작되었을 때 도움이 되도록 하려는 의도로 씌어진 일본 연구로서 성립되었다. 다시 말해서 『국화와 칼』은 문화인류학 연구로서 많은 제약을 가지고 이례적인 연구 환경에서 시작되었다.

앞서 인용한 가와시마의 평에서 볼 수 있듯이 성공을 거둔 것은, 물론 세부적인 비판은 많았다고 할지라도 정말 경이로운 일이다.

문화인류학 연구로서는 이례적인 일이라고 썼지만, 이 연구는 미국의 문화인류학 연구에 있어서 단순한 미개 사회 연구에서 복잡한 복합 사회 연구로 종래 인류학 연구의 패러다임을 깨뜨리는 돌파구로, 획기적인 연구가 되었다.

앞에 기술한 특집에 대해서는 거의 모든 사람이 비판한 것과 같이, 일본 사회처럼 사료가 풍부한 역사를 다루는 데 역사 변화를 고려하지 않은 점이나, 지역차와 역사상의 변화도 있기 때문에 일본인이라고 일괄적으로 논할 수 없다는 비판은, 문화인류학 연구에서 미개 사회 연구의 전통으로부터 오는 그 당시 연구의 일반적인 결함에서 오는 것이다. 그때까지의 문화인류학적 일본 연구, 예를 들어 규슈(九州)의 어느 촌락을 현지조사한 모노그래프, 즉 앤브리의 『스에무라(須惠村)』와는 완전히 성질이 다르다.[10]

베네딕트는 어디까지나 '민족지적 현재'로서 일본인과 일본 문화의 전체적인 연구를 행한 것이다. 이 점은 다음의 일본 문화론에 크게 영향을 미치고 있다.

베네딕트가 말하는 "아무리 고립된 행동이라도 서로 어느 정도의 체계적인 관계를 가지고 있다"라는 전제에서 출발했다고 해서, '수많은 각각의 가지가 그처럼 통합적인 형식으로 분류되어 있는가'를 중시하는 '문화의 형태' 연구인 것만은 아니다. 그 이유는 두 가지가 있다. 첫째는 이것이 '문화 상대주의'적인 입장에서 이루어진 것이라는 점, 둘째는 '미국(혹은 일반적으로 말하는 구미)' 대 일본이라는 의식적인 비교 위에서 이루어졌다는 점이다. 특히 후자의 경우, 통상 인류학적 연구에서 '문명(서구 문화)' 대 '미개 문화'라는 식의 비교가 나타나지만, 이러한 편향에

---

10) 전통적 촌락 레벨의 연구가 아니고 일본 문화의 전체적 연구이며 또한 근대 사회의 연구이다. 베네딕트는 한 번도 일본에 간 적이 없고 현지조사도 행하지 않았다.

서 벗어나려는 시도가 베네딕트에게는 강하게 나타나 있다. '문화 상대주의'는 보어즈를 비롯해 베네딕트와 하스코비트라는 미국의 문화인류학자가 중심이 되어 제창한, 문화를 파악하는 방법이다. 단도직입적으로 말하면, 어떠한 문화나 그 문화 내에 독자적이고 자율적인 가치를 가지고 있다고 보고, "하나의 문화로 성립된 가치관으로 남의 문화를 일방적으로 파악해서는 다른 문화를 이해할 수 없다"는 설로, 그때까지 서구 문화 중심주의 속에서 그 척도를 가지고 남의 문화를 일방적으로 평가해 온 문화 이해를 비판하는 것에서 출발하고 있다.

이 입장은 『국화와 칼』에도 반영되어 있고, 적국 일본을 파악하는 경우에도 가능한 한 구미인이 품고 있는 편견이나 가치관에서 벗어나려고 하고 있다. 『국화와 칼』을 평가하는 일본 문화론자 사이에 구미의 가치 척도를 가지고 일본 문화를 보고 있다는 비판이 현재도 있지만, 앞에서 이야기한 대로 편중된 자료만 가지고 연구한 점을 감안한다면 베네딕트의 이해 방식은 외국인에 의한 일본 연구 중에서 실로 편견이 적은 편이다. 특히 미국에 의한 일본 점령을 예측할 때에도, 아메리카주의를 함부로 일본인에게 강요해서는 안 된다고 설명하고 있다. 그 점은 가와시마가 "과연 우리 일본 학자 중 누가, 몇 사람이나 미국에 가지 않고 미국인들의 정신생활이나 그 문화를 이만큼 성공적으로 묘사 또는 분석할 수 있을 것인가"라고 기록한 그대로이다. 이것은 일본인이 자주 미국에 드나들고 있는 현재도 여전히 통용되는 말이 아닐까 하고 생각한다.

일본 문화론 연구자의 대부분은 일본 문화와 구미 문화를 비교하지만, 비교되는 구미 문화에 대한 이해는 대부분의 경우 베네딕트의 일본 이해만큼 깊이를 가지고 있지 않다. 역으로 이것은 구미인의 일본 이해에서도 볼 수 있는 경향이다.

플래드는 그 자신이 일본 연구를 하면서 얻은 경험에서 서양인이 일본인의 원형적 사고를 아직도 바르게 이해할 수 없다는 것을 지적하고 있다. 플래드는 그 이유를 해명하기 위해서는 지식의 사회적 기반에 대한 주도 면밀한 연구가 필요하다고 말한다. 또 계몽주의의 전통(개인주의 이데올로기)과 그리스도교의 전통(신을 통해서만 알게 되는 불사의 혼이라는 신학 사상)이 서양인의 이해에 편견을 가져오는 하나의 원인이 된다고 한다. 게다가 플래드가 지적한 것은, 사회과학 이론에서 최근까지 30년 이상에 걸쳐 사회화된 행위자를 과도하게 중시하는 점이 이 편견에 영향을 주었고, 또 제2차 세계대전 후 일본도 승자에 대해서 더없이 순종하고 의존적으로 행동해 왔다는 것이다. 플래드는 "일본인은 개성이 부족하다, 혹은 서양의 기준으로 봐서 성격적으로 나약하다고 생각하는 일은 서양인으로서는 이미 상당히 기분 좋은 일이었을 것이다"라고 말하고 "과거(20여 년)를 되돌아보고, 이러한 일반적 경향에 대립하는

책이라면 나는 한 권밖에 떠오르지 않는다. 그것은 베네딕트의 『국화와 칼』이다"라고 주장한다.[11]

　이 지적은 1980년에 간행된 책 속에서 볼 수 있는데, 플래드의 경우도 서양인 대 일본인이라고 하는 대립 구조로 일본인과 일본 문화를 파악했다는 점에서 다른 일본 문화론과 동일하다 해도, 플래드의 이해는 매우 충실한 실지 조사를 바탕으로 한 일본 연구에서 비롯된 것이다. 이에 비견할 수 있는 일본인에 의한 서양 연구는 아직도 찾아낼 수 없다. 물론 플래드의 연구에서도 일본인과 비교되는 서양인에게서 흔히 볼 수 있듯이, 앞서 언급한 바와 같이 판에 박힌 플래드 자신의 문화 배경에 대한 자기 인식 이상은 나오지 않고 있다. 이 점은 베네딕트에게도 공통되는 것이다. 물론 베네딕트의 일본 문화 기술 중에는 일본인이 보아도, 미국인이 보아도 진기한 것이 많이 있다.

　『국화와 칼』은 일본의 인류학자에 의해 정면으로 검토되지 않았다고 말했지만, 그래도 미국에서는 출판 당시 상당한 전문적인 논의가 있었다. 그러나 베네딕트의 갑작스러운 죽음(1948년)과 함께 점점 잊혀져, 마가렛 미드 등이 쓴 그녀의 전기에서는 언급되고 있지만 플래드와 같은 일

---

11) D. W. プラース, 『日本人の生き方—現代における成熟のドラマ』, 井上俊・杉野目康子 譯, 岩波書店, 1985. pp.319~320(Plath, D. W., *Long Engagements : Maturity in Modern Japan*, Stanford University Press, 1980).

본 연구자 이외에 이것을 취급한 차세대 미국인 인류학자는 없었다. 그러나 책은 계속 팔려서, 그야말로 이례적으로 35만 부 이상 판매된 롱 셀러로 지금까지도 미국 서점에 가면 살 수 있다.

미국의 인류학자 클리포드 기어츠가 『일과 생활—저자로서의 인류학자』(1988)에서 베네딕트에 한 장(章)을 할애하여 『국화와 칼』에 대해 언급한 것이 눈에 띈다.[12] 이 흥미 깊은 인류학적인 언어 표현에 대한 연구 속에서 기어츠는 『국화와 칼』을 당연히 가장 베네딕트답고 영향력이 강한 책으로 평한 후에 "베네딕트 책의 위대한 독자성(물론 그것은 그녀의 높은 지성과 전쟁중의 선전 공작용이라는 점으로 나타나지만)과 영향력의 기초(그것을 가장 심하게 비판하는 사람조차 느끼는 것이지만)는 그녀가 일본과 일본인의 신비를, 기묘한 사람들이 사는 기묘한 세계를(인류학적인 해석으로써 미개 사회를 받아들일 때 하는 것처럼) 중화함으로써 해석하려는 것이 아니라 반대로 그것을 강조하여 해석하려는 것에 있다"라고 기록하고 있다. '자신들이 잘 아는 사실'을 빗대어 '그들은 이렇게 다를 것이라고 상상한다'라는 식의 비교를 극단적으로 밀고 나간 것이 『국화와 칼』이라고 하며, 기어츠는, 이런 예가 너무 많아 하나하나 짚어 낼 수도 없다고 말하면서 제9장 '인정의 세계'를 우선 언

---

12) Geertz, C., *Works and Lives : The Anthropologist as Author*, Stanford University Press, 1988.

급하고 있다.

일본인의 '잠자는 방식', '밥 먹는 방식', '성(性)과 결혼', '남자다움', '음주', '선과 악', '행복한 결말' 등에 대한 서술은 확실히 '이상하다'. 예를 들면, 수면에 관해서 베네딕트는 이렇게 쓰고 있다. "수면 또한 일본인이 애호하는 즐거움이다. 그것은 일본인이 지닌 가장 완성된 기능 중의 하나인 것이다. 그들은 어떤 자세에서도, 그것도 우리로서는 아무리 해도 잠들 수 없을 듯한 상태에 처해도, 쉽게 잘 잠든다", 이렇게 쓴 다음에, "미국인은 '불면'과 '정신적 긴장'을 거의 동의어로 여기고 있다. 그리고 우리들의 기준으로 보면, 일본인의 성격 속에는 상당히 많은 긴장이 있음을 깨닫게 된다. 그렇지만 그들에게 숙면은 식은 죽 먹기나 다름없다. 그들은 또 밤에 일찍 잠자리에 든다. 동양의 여러 나라 중에서 이렇게 일찍 잠자리에 드는 국민은 다른 나라에서는 여간해서 발견할 수 없다"고 적고 있다. 이런 단정은 매우 해학적이며, '이상한 일본인'을 강조한 것 이외엔 아무것도 아닐 것이다. 똑같은 사항을 미국인에게 그대로 되돌려 주고 싶은 사례를 미국 사회에서 얼마든지 경험할 수 있다.

더러운 침대에서 구두를 신은 채 잠든다거나, 별 생각 없이 남의 집에 머물고서도 태연한 미국인을 보고 "이런 곳에서 잘도 숙면할 수 있군" 하고 느낀 적이 부지기수이다. "일본인은 밤에 일찍 잠자리에 든다"고 하지만, 심야

TV 프로의 성황을 감안한다면 늦게 잠자리에 드는 사람들은 많을 것이며, 거꾸로 일반적으로 미국인이 "일찍 잠자리에 드는" 것처럼 느껴진다. 동남아시아의 도시에서 생활하다가 일본으로 돌아가면 일본 도시에서 밤에 일찍 어두워진다고 생각하는 경우가 있지만 태국인이나 싱가포르인이 특히 밤 늦게까지 생활한다는 이야기는 아니다.

이러한 결함은 '일본인은' 혹은 '미국인은', '태국인은'이라는 전체론적인 파악법에 으레 붙어 다니는 것으로, '지나친 일반화' 임에 틀림없는데, 그들은 일본인을 꽤나 '이상' 하게 여겼던 것 같다.

전시에 미국에서는 역사학자 존 다워가 천명한 것처럼 '잔인하고 몰인정한 미국, 영국(鬼畜米英)' 이 아닌, '인간이 아닌 원숭이 일본인' 이라는 '이미지' 를 매스 미디어를 통해 만들고 있었던 것이다.[13]

그러나 『국화와 칼』의 가치가 그러한 결함 때문에 매장되는 것은 아니다. 무엇보다도 아직껏 일본인이나 미국인 모두 이 책을 읽고 있다는 사실은 부분적인 '이상함' 을 초월하여 일본인에게도 납득이 가는 부분이 있음을 보여 주고 있다. 또 원숭이가 아닌 하이테크 일본인의 존재를 보는 미국인도 이 책을 꾸준히 읽고 있다는 점에서 시사하는

---

13) ジョン タワ-,『人種偏見』, 猿谷要 監修, 齋藤元一 譯, TBSブリタニカ, 1987(Dower, J. W., *War Without Mercy : Race and Power in the Pacific war*, Random House, 1986).

바가 크다. 이것 또한 『국화와 칼』이 주는 의미가 '일본인의 이상함' 뿐만 아니라 읽어 가는 동안 어느샌가 '미국인의 특이함'으로 치환되는 것이기 때문이다.

기어츠는 일본인의 이상함에 관한 글을 인용한 후에 이렇게 쓰고 있다.

그러나 위에서 간단히 인용한 부분에서도 알 수 있듯이 '우리들'이 행하고 있는 똑같은 것을 '그들'이 그만큼 이상하게 행하고 있는 것처럼 보이는 여러 예로부터 벗어나고도, 이 문화적 차이를 통과하는 강제적인 행진을 하기 전에 우리들을 당혹스럽게 하는 왜곡이 보인다. 즉, 대일 선전 활동을 조금 일탈시키는 예측할 수 없는 궤도 이탈이 생기는 것이다. 그것은 베네딕트가, 미국의 해군 제독이 폭격된 전함을 구한 공적으로 훈장을 수여받은 것을 일본인은 쉽사리 믿지 않는다는 것에서, 반대로 일본인이 자살 행위를 삶의 의무를 다하는 것으로 여기는 점을 미국인은 믿기 어렵다고 쓰는 데 이르기까지 문화의 차이를 설명해 가는 과정에서, 어느새 일본인은 점차 이상하고 무궤도적인 존재가 아닌 것처럼 보이는 데 반해 역으로 미국인이 그렇게 보이기 때문이다. 실제로 거기에 묘사된 것을 반대로 뒤집어도 '결코 나쁘지는 않은' 것이다. 『국화와 칼』의 서두에서 이제까지 미국이 싸운 적 가운데서 가장 성질을 달리하는 상대였던 일본이, 책의 말미 부분에 이르면 이제까지

이긴 적 가운데서 가장 잘 이해할 수 있는 존재로 변한다.

　확실히 패전 후의 일본인은 스스로를 반성하고 다시 한 번 근대 일본을 재건하고자 회개하였고, "패전은 일본을 궁극적으로 구하기 위해서는 좋은 계기였다"라든가, "맥아더 장군 치하에서 일본의 정치가는 기꺼이 나라를 다스리기 시작했다"라든가, "천황의 인간 선언" 등등을 봐도 알 수 있듯이 패전하기 전과는 180도로 전환한 셈이니까, 기어츠가 말한 것은 옳다고 할 수 있다. 그러나 미국인 기어츠가 이 책을 일본인과 미국인의 '네거티브(逆像)'로 보인다고 지적한 것은 흥미 깊다. 서구 문화를 배경으로 한다고는 하지만 이 책 전체를 통해서 베네딕트가 일본을 강조하는 데 항상 미국과의 대비를 사용하는 것은 문화인류학 연구서로는 참으로 '이례적'인 것이다. 일본 점령을 위한 매뉴얼로서 미국인(특히 병사)용으로 쓰인 연구에 바탕을 두었다고 하더라도, 또 '문화 상대주의'의 입장에서 보았다고 하더라도, 뛰어난 '양면성'이 인정되며 이 점이 이 책의 '비교 문화론'으로서의 생명 —현재까지 이어지는— 을 유지시키는 이유가 된다.

　기어츠가 말하듯이 "동양의 신비를 해명한다는 흔히 볼 수 있는 시도로 시작한 것이, 끝나고 보니 서양의 명석함을 너무도 잘 탈구조화(deconstruction)한 것이 되었다. 책을 덮은 후 '문화의 틀'에서와 마찬가지로 우리가 이상하게

생각하는 것은 우리 쪽 '부분'인 것이다." 현대 미국을 대
표하는 문화인류학자로서는 최고 지성인 중에 한 사람인
기어츠가 『국화와 칼』을 '구미' 문화의 탈구조화라고 파
악한 것은 의미가 깊다. 복안적인 문화론이 된다면 이것은
베네딕트가 숙원으로 삼았던 것이었을 것이다. 문화 상대
주의자의 면목을 세웠다고는 해도 "진주만, 바탄[14] 죽음의
행진, 가달카날[15] 전투, 거기에 할리우드 영화의 반일 캠페
인" 그리고 미국 사회가 일본계 미국인을 강제수용소로
쫓아낸 사건 등이 발생한 데다가, 일본 증오의 흥분이 다
가시기도 전에, 미국 문화의 탈구조화라고까지 할 수 있을
정도의 '일본 문화론'을 발표하는 학문적, 사회적 행위는
정말 '예외적'으로 용기가 필요한 것이었음을 잘 생각할
필요가 있다. 그 점에서 본다면, 많은 일본인론자가 베네딕
트의 태도를 '서구 지상주의' 적이라고 나무라는 것은 천
박하다는 비난을 면할 수 없다. 연구상의 많은 제약과 베
네딕트 자신의 문화적 배경 때문에 이 책에서 다룬 '일본
문화'에 대해 일본 독자들이 어떤 식으로든 편향을 느끼
는 것은 피할 수 없겠지만, 그것은 오히려 '이질적 문화 이
해'의 한계라고 이해해야 할 사항에 속한다. 이 책에서 엿

---

14) Bataan 반도 필리핀 루손 섬 남서부, 마닐라 만 서안의 반도 마닐라
　　만을 방어하는 요지로 제2차 세계대전의 격전지.
15) Guadalcanal 섬. 남태평양, 솔로몬 군도 남동부의 화산섬. 태평양 전쟁
　　중 미일의 격전지.

보이는 베네딕트의 태도가 어째서 실행이 어려운 것인지에 대해서는 그 후 우후죽순처럼 생겨난 '일본 문화론' 그 자체가 명확히 보여 준다고 해야 하지 않을까?

『국화와 칼』은 일본인과 일본 문화의 '전체상'을 보여 주려고 시도한 획기적인 '일본 문화론'이었다. 앞에서 다루었듯이 그 전체론적인 파악에는 난점이 많이 있음에도 불구하고, '일본 문화론', '일본인은', '일본 사회는', '일본 문화란' 등의 기술 방법으로 '전체'를 보여 주는 것은 그 자체가 그대로 '일본 문화론'이라는 장르를 형성하게 된다. 앞에서 인용한『민족학 연구』의『국화와 칼』특집에서 거의 모든 일본인 연구자가 지적했듯이, 베네딕트의 '일본인'은 너무도 지나치게 일반화된 것이라고 할 수 있다. '일본 군인의 사고 방식', '일본 포로의 사고 방식' 등 한정된 '일본인 집단'에 관해 말한다면 몰라도 전체론적인 역사나 지역, 집단 계층을 '일반화'한 '일본인'을 거론하며 '일본의 사고 방식'이나 '일본 문화의 틀'을 논해도 명확해지는 것은 그다지 없다고, 와쓰지 데쓰로가 특집에서 비판한 데 대해서는 전문 연구자라면 누구라도 대체로 이론의 여지가 없을 것이다.

그러나 이러한 비판을 수용한 다음에도 역시 '일본인이란' 등의 '논의'에는 학문적 당위성을 초월한 '유혹'이 있고, 파악하기 어려운 '매력'이 있는 점도 인정하지 않을 수 없다. 이 점에서 '일본 문화론'은 '이데올로기'라고 주장하는 하루미 배후의 견해는 맞다. 또 와쓰지의 비판에서는 '개별' 사상을 누적해 가다 보면 '진리'에 도달한다는 '실증주의'적이며 '계량적'인 과학관의 영향을 볼 수 있다. 그런데 제출된 '자료' 분석에 바탕을 두고 '상상력'을 발휘할 때 생기는 전체론적인 '전체상' 또한, 얻기 어려운 학문적 소산임을 인정하지 않고서는, '해석과 상상력'에 의한 '질적'인 연구는 생겨날 도리가 없다.

와쓰지의 학문적 당위성으로 봐도 그가 『국화와 칼』에 보내는 비판에서 어떤 모순을 볼 수 있다고 해야 할 것이다. 베네딕트의 '문화의 틀' 론의 배경에 딜타이와 니체의 '해석주의' 론이 깊은 영향을 주었음을 생각한다면, 그 주변 사정은 명확해지지 않을까 생각한다.[16]

여기서는 오히려 와쓰지와 그 외 여러 '비판'이 있었음에도 불구하고 『국화와 칼』 이후 이러한 '일본 문화론'이 '일반적인 현상'으로 정착된 것에 주목하고 싶다. 물론 전술했듯이 '일본 문화론'은 전쟁 전에도, 메이지 이전에도 존재했지만 『국화와 칼』 같은 것은 없었다. 게다가 '일본 문화론'이라 할 경우 여기서는 어디까지나 '전후'에 한정한다는 것을 재차 언명해 둔다. 그 성격으로 볼 때 개별적인 난점을 찾으면 끝이 없는 부분이 있고 그 측면에서 비판을 한다면 '일본 문화론'은 아예 성립되지 않을지도 모

---

16) ルース ベネディクト, 『文化の型』, 米山俊直 譯, 社會思想社, 1978(Benedict, R., *Patterns of Culture*, The Basic Books, N. Y., 1934).

른다.

하지만, 문화를 연구할 때 전문적 개별론도 정도의 차이는—그 차이는 반드시 생기지만—있다. 그런 까닭에 전체론적으로 파악, 이해하는 적극적인 방향을 존중하고 평가해 준다면 이 또한 학문적으로 큰 의미가 있다고 하겠다.

그런 점에서 볼 때 아무리 세부적으로 무리가 생긴다 해도, 전체론적인 문화 파악의 입장은 역시 유효한 면이 있다.

베네딕트는 "이 책은 일본인이 생활을 영위하는 방법에 관한 가설을 검토하고 있다"라고 기술하고, "일본을 일본인의 나라답게 만들고 있는 점을 다룬 책이다"라고 말하고 있다. 그것은 '미국을 미국인의, 프랑스를 프랑스인의, 러시아를 러시아인의 나라답게 하는 점'과 같고 아마 '어떤 국가를 어떠 어떠한 사람들의 국가답게 만들고 있는 점'은 어디든지 존재할 거라 생각한다.

앞에서 인용한 플래드 자신도 일본인의 문화와 사회를, 비교를 바탕으로 연구하여, '서양인은'이라는 말투를 사용하고 있다. '어떠 어떠한 사람들'이라는 말이 의미하는 내용은, 그야말로 발언자 수만큼 다른 의견이 나올 것임에 틀림없다고 해도, 몇몇 사람이 하는 말에 불과함을 또한 인정하지 않으면 안 된다.

즉, 공동체와 개인이 일체화되어 있다고 생각될 때에는 드물지만 이러한 말이 전부를 나타낼 경우도 상정할 수 있는 것이다.

하지만 엄밀하게 말한다면 그러한 예는 공동체가 자연체로서 존재할 경우나 무엇인가에 대항하여 '거국 일치' 적 태세로서 '이론(異論)'을 용납하지 않는 위기적 상황에서밖에 보이지 않는다. 이 또한 엄밀하게 검토한다면 '이론'이 나오는 예가 없다고만은 할 수 없다. 이런 까닭에, 그러한 말은 '이데올로기'적이 될 수밖에 없고, 베네딕트가 말했듯이 때때로 가정(假定)도 사용할 필요가 있다.

이러한 '이데올로기'와 '가정'은 항상 반복해서 갖가지의 형태로 논의되고 있다. 하지만 그것은 어디까지나 '이데올로기'이고 '가정'이라는 것을 잊어서는 안 될 것이다. '가정'하이기 때문에 그만큼 논하기 쉽고 결과가 수월하게 논해지는 경향이 많이 있지만, 가정이 상황에 따라서는 어느새 전제가 된다거나 사실을 바꾸어 버린다거나 하는 점에 대해서는 상당히 주의 깊게 생각하지 않으면 안 된다. 이런 과정에는 홉스봄이 '전통의 창출'이라고 불렀던 현상이 붙어 다니면서 '가정'을 사실로 오인하게 만들기 때문이다. 혹은 강요되는 것이 '전체적'으로 일어날 가능성이 있으므로 주의하지 않을 수 없다.

베네딕트가 주장하는 '일본을 일본답게 만드는 점'에 대한 '가정'은 바꾸어 말하면 일본인이 일본인으로 존재하기 위한 근거, 즉 '아이덴티티'의 근원이 된다.

'일본인이란 이러한 사람이다', '일본 문화 특질은 여기에 있다'와 같은 설문을 하고 그 답을 이러한 '가정'에서 추출하는 것은 일본 사회 일상생활에서도 그토록 중요한 것이 아닌 것처럼 보일지도 모른다. 그러나 일본에서 한 걸음 벗어나 외국에 가서 외국인들 사이에서 살아 보면 단번에 이러한 설문은 의미를 갖게 된다.

해외에 거주하는 '일본인'에게 "일본인이란 어떠한 사람인가?"를 설명하고 자기 확인을 시키기 위해 기업 등이 준비하는 매뉴얼(설명서)이 '일본 문화론'에 의거하는 점에는 충분한 의미가 있다. 외국에서 외국인과 함께 생활할 때에 자기 확인 혹은 자기의 '아이덴티티'를 추구하는 한 가지 기본형은 이러한 '근거'에서 구할 수 있다.

바로 이 점에서 외국의 이질적 문화 환경에서는, 이러한 '아이덴티티'의 '근거'가 어느 정도 과장된 형태를 취하기도 하지만, 전체론적인 '일본 문화'를 추구하는 '가정'이 큰 영향력을 발휘하게 되는 것이다. 이는 결코 해외에서의 일본인의 경우에 한정된 것이 아니다. 국내에서도 끊임없이 외국과의 비교 속에서 자국의 위치를 묻고 자문화의 성격을 구하고 자신의 '아이덴티티'를 추구하는 경향은, 특히 일본인과 같은 '발전 도상에 있는 후발 선진국'에서는 뼈저리게 느끼는 욕구로서, 뿌리치기 어려운 '유혹'으로서 존재하기 때문이다.

당연한 일이지만, 이 설문과 답의 유형은 시간의 흐름 속에서 여러 가지로 변한다. 국가의 발전, 사회 변화와 문화 변용, 외압과 국제 환경의 변화 등 많은 요인이 작용한다. 전후 일본은 패전 시기부터, 오늘에 이르기까지 이 '가정'과 '근거'를, 시간의 흐름 속에서 여러 가지의 형태로 추구하여 왔다. 베네딕트에 의한 '일본 문화'의 '가정'에서 시작된 그 변화의 자취를 더듬어 보자.

'일본 문화론'에서는 여러 가지 '논점'을 볼 수 있다. 일본어의 '특성'에서부터 일본인의 '미의식'과 '정신' 그리고 일본의 '풍토', '사회', '원리' 그리고 '일'과 '두뇌의 특성' 등 모든 면이 논의될 수 있다. 일본인과 일본 문화에는 외국인과 이문화와는 실로 다른 성격이 있는 것처럼, 이러한 일본인의 모습은 '외계인'의 그것과 같은 착각이 들 때가 있다. 실로 여러 가지 논점이 철학부터 대뇌 생리학에 이르기까지 여러 분야에서 제출되었다.

이것은 일본과 일본인의 특성을 연구한다는 관점에서 서로 관련되는 부분이 있지만, 여기서 '일본 문화론'이라고 말할 때는 필자의 논점으로 보아 한정된 범위로 좁히지 않으면 안 된다. 게다가 '일본 문화론'에는 자연히 주요 논점이라고 불리는 테마가 나타나는 것을 간과해서는 안 된다.

여기에서는, 다음의 두 가지를 '일본 문화론'의 주요한 논점으로 채택하고 있다. 한 가지는, 베네딕트가 『국화와 칼』에서 지적했던 특징에 기초한 논점으로, 사회 관계를 중심으로 파악하려고 하는 일본 문화의 특징이며, 또 한 가지는, 비교 문화적 내지 비교 문명적인 시점으로, 세계 속에서 일본의 위치를 규정하려는 시도이다. 이 두 가지 시점은 항상 전후 일본에서 보이는데, 뒤에 서술할 시기 구분에는 특히 그것이 특징적으로 나타난다는 점을 언급해 두겠다. 양자의 논점에 근거해서 '획기적'인 논거가 출현한 '시기'도 있고, 서로 상호 관계를 맺으면서도 완전히 다른 논점 차원에서 논의가 전개되는 경우도 있다.

여기서 중심적으로 거론하여 검토한 '일본 문화론'은 처음에 서술했던 것처럼 시기 구분을 가능하게 한 '획기적'인 '논점'을 선택한 것이므로, 두 가지의 '시점'을 선정하는 방법도 병렬적으로 행해진 것은 아니라는 점을 말해 둔다. 패전 후 일본에 나타난 '일본 문화론'의 '논점' 변화를 보면, 두 가지 '시점'의 출현에 불규칙성이 보이고, 이는 '시대' 변화에 따른 것임을 알 수 있다. 사회 관계와 비교 문화론은 상호 호응하면서도, 어느 정도 다른 '시대'에 유행하는 '일본 문화론'의 테마가 되었다.

앞에서, 서술했던 전후 일본을 네 단계로 나누어 놓은 시기 구분에서, 각 시기의 '일본 문화론'의 특징을 보여 주는 '논점'이 검토되었는데, 우선 문제가 되는 것은 베네딕트가 제기한 논점이다. "일본을 일본인의 나라답게 한 것"에 대한 '가정'으로, 『국화와 칼』이 일본인에게 소개된 후 오랫동안 논의 대상이 되었던 문제는 두 가지이다. 첫째, 일본인의 사회 조직 원리로 보이는 '집단주의'이다. 둘째, 일본인의 정신 태도, 즉 '수치의 문화'이다. 물론 후에도 언급하듯이 『국화와 칼』에서는 그 외에도 몇 가지의 주요한 사안이 지적되었지만, 이상의 두 가지 점이 '일본 문화론'의 주요 논점으로 받아들여졌다.

게다가 '집단주의'를 구미의 '개인주의'와 '수치의 문화'를 '죄의 문화'와 비교했는데, 후자의 '죄'와 '수치'의 대비에 관해서 베네딕트는 조금밖에 거론하지 않았다. 세계의 많은 문화는 '죄의 문화'와 '수치의 문화'로 크게 분류되는데 일본 문화는 '수치의 문화'에 속한다고 말했을 뿐이다. 그렇다고 해서 '수치의 문화'는 일본 문화만이 가지는 특유의 성격이라고 주장하는 것은 아니다. 그러나 이것은 '일본 문화'는 바로 '수치의 문화'로 파악되어 많은 '일본 문화론'의 중심 테마가 되어 있다. 다음은 '집단주의' 차례인데, 이것도 본격적으로 논의되어 있지 않다.

베네딕트의 인류학적 입장은, 어디까지나 '문화 분석'에 있으며, 다음 장에서 언급할 나카네 지에(中根千枝)의 논문에서처럼, '사회 구조'론에서 전개한 '집단주의'의 분석과 같은 접근(approach)은 볼 수 없다. 단지, '집단주의'라는 말로 표현할 수 있는 사례를 풍부하게 제공할 뿐이고, 일반적인 사회 구조론적 분석 방식, 즉 행위로부터 개념으로 진행되는 것이 아니라 관념에서부터 행위로 '집단주의'가 설명되고 있다. 여기에서도 '해석주의' 분석 방법을 확실히 볼 수 있다.

반드시 잘 정리했다고는 볼 수 없지만 베네딕트의 일본인 '집단주의' 분석에는 주목할 점이 많이 있으며, 그 문화적 통찰력에는 아직도 놀라운 점이 있다. 이제부터 그것을 뒤쫓아가 보도록 한다.

베네딕트는 "제각기 자신에게 어울리는 위치를 차지한다"는 의식과 행위가 일본인의 사회 관계의 기본이며, 이는 일본인의 계층 제도에 대한 신뢰에서 왔고, 인간 상호간의 관계 및 인간과 국가와의 관계에 대해서 일본인이 지니고 있는 관념 전체의 기초를 이루고 있다고 지적한다. 그리고 이 전제가 상하 관계를 중심으로 하는 세대와 성별과 연령의 특권적 관계에 따라서 가족 관계를 아래 부분에 두는 사회·인간 관계를 형성한다고 말한다. 이 관계 구조에서 상하 관계는 중요한 책무를 위탁받은 인간으로 행동하는 윗사람과 그에 따르는 아랫사람과의 결합이고, 독재적인 권력자 대 종속자라는 형태는 취하지 않는다.

그 이유는, 이 상하 관계가 일본인의 인생관과 세계관을 표현하는 '忠·孝·義理·仁·人情·恩' 등의 개념과 행위의 연쇄적인 결합에 의해 성립되기 때문이다. 예컨대, 윗사람과 아랫사람의 관계는 계약과 규칙에 기인하는 교환보다도 온(恩)과 기리(義理)에 기인하는 덕의 원리에 따라서 유지된다. 온과 기리는 규범적인 의무감으로 결합된 반대 개념이어서, 정신적인 대차 관계를 형성한다. 그것이 집단주의의 본질이고, 집단을 구성하는 성원들간의 협조가

온과 기리의 관계를 중심으로 세대·연령·성별 등의 요인에 의한 상하 관계로 유지된다. 가족 관계가 그 기본을 이루고 있고, 모친에 의존하는 정서적인 유대와 거기에서 발생하는 안정감이 집단의 안정을 유지하는 원형이 된다.

베네딕트는 이러한 일본인의 '집단주의'를 유지하는 관념으로서, '성실', '자중' 등을 예로 들어 분석하고 있다. 예컨대, 이러한 관념 중에서도 자중(自重)은 윗사람 혹은 고용주에 대하여 폐를 끼치는 일은 해서는 안 된다는 것을 의미하며, 미국인이 이 단어를 자신의 권리에 대한 정당한 주장이라고 해석하는 것과는 반대의 의미를 지닌다고 지적하고 있다. 자중 그리고 자숙이라는 관념은 자신의 권리를 억누르는 것이 된다.

이러한 일본인의 관념과 거기에서 발생된 사회적 태도를 분석하여, 일본인은 사는 동안에 세심한 주의를 기울여 정석을 좇아서 행동해야 한다고 생각하며, 그것은 사회에서 "타인의 행동을 보고 알아챌 수 있는 모든 암시에 방심하지 말고 신경을 써야 하며, 또한 타인이 자신의 행동을 비판한다는 것을 강하게 의식"하면서 살아감을 의미한다고 적고 있다. 다시 말하면 "세상 사람의 눈이 두렵기 때문에 자중하지 않으면 안 된다"는 사회 의식을 외면적 강제력에 의해 몸에 익히도록 하는 것이다. 이것은 반대로 바른 행동의 내면적 강제력이 약한 것을 의미한다. 무엇이 바른 행동인가를 판단하는 것은 항상 사회 관계 속에서 생각되고 세상 사람에 의해 결정된다. 베네딕트는, 이렇게 "세상 사람의 눈이 두렵기 때문에 자중한다"는 말은 "바른 행동의 내면적 강제력을 전혀 고려하지 않은 표현이다"라고 단언하고 나서, 다음과 같이 기술한다.

　　많은 국가들의 통속적인 언어 풍습과 같이, 이들의 언어 방식도 사실을 과장시켜 표현하고 있어서, 현실의 일본인은 때에 따라서는 자신이 행한 죄의 깊이에 대하여 청교도에 비교해도 뒤떨어지지 않을 만큼 강력한 반응을 보이는 경우가 있다. 그렇다고 하더라도, 역시 앞의 말은, 일본인이 일반적으로 어떠한 곳에 중점을 두고 있는가 하는 것을 바르게 지적하고 있다. 즉, 일본인은 죄의 중대함보다도 수치의 중대함에 중점을 두고 있는 것이다.

　이렇게 베네딕트는 '각각의 사람들이 자신에게 어울리는 위치를 차지한다'는 것에 대해서 일본인이 어떤 생각을 하고 있는지를 몇 가지 관념과 표현으로부터 분석한다. 그리고 도덕과 자중을 중심으로 하는 관념에 의해 도출된 '집단주의'를 지적하면서, 이러한 '집단주의'의 근거를, 일본이 '수치'를 중시한다는 데서 찾고 있다.
　베네딕트는 "여러 문화인류학적 연구에서 중요한 것은, 수치를 바탕으로 하는 문화와 죄를 바탕으로 하는 문화를 구별하는 것이다"라고 말하는데, 이러한 분석에서 일본 문화가 '수치의 문화'에 속해 있다는 주장이 나온다. 즉, '도덕의 절대적 표준을 설정하고, 양심의 계발을 신뢰하는 사회'는 '죄의 문화'이고, 악한 행동이 '세상 사람들 앞에 확실하게 드러나지 않는 한, 크게 걱정할 필요'가 없고 세상 사람 앞에서의 수치가 인간의 행동 표준인 사회는 '수치의 문화'라고 분류해서, 일본 사회는 '수치의 문화'라는 것이다. 여기에서 '집단주의'와 '수치의 문화'는 밀접하게 결합되어 있다는 것을 알 수 있다. 베네딕트는 일본인이 죄도 느끼지 않고, 개인에 중점을 두지 않는다고 전면적으로 주장하는 것은 아니다. 구미인들도 집단주의적이 되면 수치를 중시하는 일도 있다. 그러나 문화의 전체적 경향으로 일본 문화의 특징을 구미 문화와 비교해서 이 두 가지 점을 지적하고 있는 것이다.

이 두 가지 점은 그 후의 '일본 문화론'의 주요 논점을 제공하게 되었다. 이러한 주요 논점에 대한 평가를 제1기의 시기 구분 속에서 보도록 하자.

3. 부정적 특수성의 인식(1945~54)

"반년 동안에 세상은 변했다. 천황 폐하의 방패로 나가게 된 나는 천황 폐하를 위해 목숨 바치고 뒤돌아보지 않았다. 젊은이들은 꽃잎이 지듯 목숨을 잃었지만, 또래의 젊은이들이 살아남아서 암거래상이 되었다. 백년의 목숨을 바라지 않고 언젠가 천황 폐하의 방패로 나선 남편과 사랑을 맹세하고 갸륵한 심정으로 남자를 떠나 보낸 여자들도 반년의 세월 동안에 남편의 위패에 공손히 절하는 것도 사무적으로 될 정도이고, 이제 새로운 추억을 가슴에 품는 것도 먼 훗날의 일이 아니다. 인간이 변한 것은 아니다. 인간은 원래 그러한 면이 있고, 변했다는 것은 세상의 겉껍질일 뿐이다."[17]

1946년 4월에 발표된 『타락론』을, 사카구치 안고(坂口安吾 : 1906~1955)는 이렇게 시작했다. 반어와 풍자에 가득 찬 일본론이지만, '타락한다'는 것에서 인간의 의미를 발

---

17) 坂口安吾, 「墮落論」, 『新潮』, 1946년 4월호.

견하고, 운명이 지배했던 아름다운 전쟁중의 시대와 대비시킨다. 패전 후의 혼란기를 살던 문학가 사카구치의 『타락론』에는 새로운 시대의 본질을 간파하는 날카로운 통찰이 있다.

1945년 8월 14일 '어전회의(국가의 중대하고 긴급한 사건에 대하여 천황이 출석하고 중신, 대신 등이 개최하는 회의)'에서 포츠담선언의 수락이 결정되었고, 일본의 제2차 세계대전, 태평양 전쟁에서의 패전이 분명해졌다.

'무조건 항복'으로 패전한 셈인데, 연합국측이 일본에 제시한 '포츠담선언'에서는 전쟁을 일으킨 권력과 세력의 영구적인 제거 및 그 이외의 것을 선언함과 동시에, 제5조에 '일본 정부는 국민 사이에서 일고 있는 민주적 경향의 부활에 대한 일체의 장해를 제거하지 않으면 안 된다. 언론, 종교, 사상의 자유와 기본적인 인권이 확립되지 않으면 안 된다'라고 새롭게 '근대 국가'의 건설과 '근대 시민 사회'의 실현을 요구하고 있다.

이 선언의 '수락'에는 단순히 군국주의 정부나 군대의 해체뿐만 아니라, 새로운 '민주주의 국가' 건설을 국가의 과제로 한다는 내용이 포함되어 있다. 이때부터 '전후 일본'은 시작되었다. 뒤이어 미국 정부와 군대에 의한 일본 점령과 새로운 '헌법'의 공포가 '전후 일본'의 틀을 만든다. 이 틀 속에서 일본은 다시 새로운 국가와 사회를 건설하려고 움직이기 시작했다.

'일본 문화론'은 이러한 새로운 사태에 즈음하여, 새롭게 '일본을 일본인의 국가답게 만드는 일'에 대해서 '가정'을 설정하지 않으면 안 되었다. 그러면, 당시의 일본은 어떻게 받아들여지고 있었을까? 패전 직후 일본의 상황을 논한 주목할 만한 두 편의 논고가 있다.

하나는 이미 인용한 사카구치의 『타락론』이고 또 하나는 사회학자인 기다 미노루(1894~1975 : 소설가)의 『미치광이 부락 주유기행』이다. 기다의 책도 1946년에 발표되었다.

기다는, "우리들에게는 일본인이라는 상표가 붙어 있다. 이것은 정말이다. 그러나 일본인은… 이라든지, 우리 국민은… 이라든지, 혹은 단순히 국민은… 하고 다른 사람이 말하는 것을 들을 때, 우리들은 누구이 가슴에 단 일본인이라는 상표를 새롭게 재평가해 보고 싶어지는 욕망을 억누를 수 없었던 경험을 하지 않았던가"[18]라고 이 논고의 머리말 부분에 쓰고 있다. 내용은, 도쿄 근교에 있는 어떤 촌락에서 생활하면서, 그곳 주민들의 극히 이기주의적이면서도 집단적인 모습, 탐욕스러우면서도 신중하고 겁쟁이 같은 행동, 계층화를 싫어하고 평등을 지향하는 삶의 방식을 생생하게 스케치함으로써, 사카구치가 말하는 '반년 사이에' 변해 버린 '세상' 속에서 일본인의 기층 부분

---

18) きだ みのる, 「氣違い 部落周游紀行」, 『世界』, 1946.

에 있는 '보편적'인 생활을 끄집어낸 것으로, 패전 후의 일본인과 일본 사회의 '혼란'을 냉소적으로 비판하려 한 것이다. 겨우 '반년 전'까지만 해도 황국의 질서정연하던 사회가 '타락'한 데 대한 억눌린 분노가, 처음부터 군국주의 일본의 재래를 거부하는 강한 기분을 배경으로, 비웃음으로 표현되어 있다.

군국주의 일본에 취하고 황국 일본에 고무된 사회의 '변화'에 대한 날카로운 비판 정신이 이 두 편의 논고에서 보이지만, 그 기본에 있는 것은 새로운 일본의 출발이 이전과 같이는 되지 않았으면 하는 강한 기대이다. '미치광이 부락'의 주민은 결국, 체제에 영향을 받지 않은 원래 일본인의 자유로움을 표현하는 것으로 받아들여지지만, 기다는 이것을 '일본인 이전(以前)'이라고 부른다. 그리고, "일본인 이전적이라는 것이야말로, 만일 그것이 동물적이라고 할 정도로 맹렬한 생활에의 의욕을 가리킨다면, 오늘날의 일본에 가장 중요한 것이 아닐까? 일본인 이전적인 것이 일본인에게 없다면, 오늘날의 우리들은 도대체 무엇을 할 수가 있을까, 이해하기 힘든 일이다. 이것은 현재 붕괴되고 있는 것들 사이에서 새로운 생명을 부활시키는 유일한 힘이다"라고 씌어져 있다. 여기에는 기다의 '전후 일본'에 대한 관점이 분명하게 나타나 있다고 말할 수 있다.

그것은 사카구치의 나음과 같은 기록에 드러난다.

전쟁에서 졌기 때문에 타락하는 것이 아니다. 인간이기 때문에 타락하는 것이고, 살아 있기 때문에 타락하는 것일 뿐이다. 하지만 인간은 영원히 타락할 수는 없다. 왜냐하면, 인간의 마음은 고난에 대해서 강철과 같을 수는 없기 때문이다. 인간은 가련하고 약하며, 어리석은 존재이므로 끝까지 타락하기에는 너무 나약하다. 인간은 결국 순수성을 없앨 수밖에 없고, 무사도를 생각해 내지 않을 수 없으며, 천황을 떠받들지 않을 수 없는 것이다. 하지만 타인의 순수성뿐만 아니라 자기 자신의 순수성을 없애고, 자신의 무사도, 자신의 천황을 만들어 내기 위해서는, 바르게 타락하는 길을 따라서 끝까지 타락함으로써, 자신을 발견하고 구원해야만 한다. 그리고 사람들처럼 일본도 또한 타락할 필요가 있을 것이다.

정치에 의한 구원 따위는 껍데기뿐인 구원에 지나지 않는다. 기다가 말하는 '일본인 이전', 사카구치가 말하는 '끝까지 타락하는 일'은 모두 '과거의 일본'을 부정하고 '새로운 일본'으로 다시 태어나는 것을 나타내는 말이라 보아도 좋을 것이다. 패전의 충격으로 혼란해진 일본에 대해서 '새로운 것'은 겉껍데기를 바꾸는 것으로는 얻을 수 없다고 강조하는 점은 다시 한 번 주목할 만하다.

이와 같은 시기에, 구와바라 다케오(桑原武夫, 1904~ : 문학자, 평론가)는 명확하게 근대주의적 시점으로부터 '일본 문화' 비판을 전개하고 있다. 1947년의 『현대 일본 문화의 반성』에서 구와바라는 '이데올로기'와 '주의 주장'을 일본의 현대 소설에서는 볼 수 없는 점을 최대의 불만으로 여기고, 그 '근대성'의 결여를 날카롭게 비판하였다.

구와바라는 서정성에 대한 집착의 전통이야말로 일본에서 본격적인 근대 소설이 나타나지 못했던 원인이라고 말하고, 사회성을 자각하지 않고 사상과 체험을 결여한 '사소설(私小說 : 작가 자신이 자기 생활 체험을 서술하면서 그간의 심경을 피력해 가는 소설, 다분히 일본적인 요소가 있다)'만 나타나는 점을 비판한다. 이러한 구와바라의 '근대주의'는 상당히 급진적인 것이고, 전쟁이 끝난 후 '반년이 지나서' 그토록 전시에 일본을 지배하고 있던 '근대의 극복'론을 부정하고, "근대를 극복하려고 한다면 먼저 근대를 뼈저리게 느끼고 체험한 후에 그것을 뛰어넘는 길 이외에는 없다"는 것이다. 또한 "무엇인가 깊고 폭 넓은 사회성이 있는 문학을 원한다면, 우리들은 그것을 서양의 근대 소설에서 찾아야 한다. 그나마 일본의 소설에서는 특이하다고 여겨지는 이즈미 교카(泉鏡花, 1873~1939 : 소설가. 낭만주의 문학에 독자적인 경지를 개척함), 나가이 가후(永井荷風, 1879~1959 : 소설가. 탐미적, 향락적인 작품으로 화류계 등의 풍속을 그림), 다키이 고사쿠(瀧井孝作, 1894~1984 : 소설가. 소설에서 허구를 배척하는 독특한 작품을 견지하였다) 등을 음미하여 그것으로 과연 문예심을 만족시킬 수 있을까?

예를 들면 여름, 겨울 내내 방안을 같은 온도로 맞출 수 있는 미국 가정을 보고 온 후에 연탄 난로를 끼고 '구공탄은 역시 좋아'라고 말하고 있을 때와 같은 씁쓸함을 느끼지 않을까?"[19]라고 하는데, 이러한 말에서 일본 사회의 '전근대성'에 대한 불만이 강하게 넘치고 있다는 것을 알 수 있다. 이 주장은 같은 해에 발표된 「제2예술론—현대 하이쿠에 관해」에서 정점에 달하게 된다. 구와바라의 이와 같은 논점은 전전에 사카구치 안고가 발표했던 「일본 문화 사관(日本文化私觀)」의 견해와 일치하는 것이다.

이 시기에 일본은 포츠담선언대로 민주주의 국가로 재생했기 때문에, 일본 사회의 기본적 틀을 비판적으로 다룬 논점이 사회과학에서는 지배적이었다. 시대와 세상에 호응해 작가도 평론가도 사회과학자들도 근본적인 일본 사회 비판을 준비하고 있었다.

이 시대를 지배했던 논조와 함께 베네딕트가 제시했던 두 가지 논점도 이러한 면에서 받아들여졌다는 점을 알 수 있다.

그러나 앞에서 검토한 대로 베네딕트는 '문화 상대주의'적 관점에서 이러한 일본 문화의 특징으로 보이는 두 가지 면을 구미와의 비교를 중심으로 (그 외 동양 제국의 예도 들고 있기는 하지만) 냉정하게 분석해 제시하고 있는데,

---

19) 桑原武夫, 『現代日本文化の反省』, 白日書院, 1947.

이러한 특징은 패전 후의 일본에서는 마치 근대화의 실패 원인인 것처럼 받아들여지게 된다.

베네딕트가 지적했던 특징이 그렇게 받아들여지는 것은 패전 당시의 일본을 본다면 당연하게 생각될지도 모른다. 패전은 일본 국민에게 미증유의 사건이고 강렬한 굴욕감을 주었지만 그것은 "무참한 실패로 귀결된 옛날의 일본을 대신하여 새로운 뭔가를 바란다"는 것을 전면적으로 긍정하는 가치관으로의 전환을 의미하는 것이었다. 그것은 옛날의 일본을 지배했던 시스템을 부정하는 것이기도 하다. 전후 일본은 무엇보다도 민주주의 일본이 아니면 안 되었고, 전근대적이고 봉건적인 유제(遺制 : 낡은 제도)를 걷어 내고 합리적인 사회를 만들지 않으면 안 되었다. 그러므로 일본 사회의 특수성은 철저하게 부정될 필요가 있다.

이러한 점에서 이 시기를 가장 예리하게 대표하는 것은, 법사회학의 가와시마 다케요시(川島武宜, 1909~)에 의한 일본 사회에 대한 비판적 분석이며, 또한 정치학의 마루야마 마사오(丸山眞男, 1914~96)의 일본 파시즘에 대한 비판이리라. 특히 가와시마의 일본 사회 비판은 기본 구조인 가족의 성격을 검토하는 것으로 이루어진다. 그것은 베네딕트가 주장하는 집단주의와도 상통할 뿐 아니라 당시의 사회과학적인 '일본 가족론'의 전형을 만들었다고 평가할 수 있을 것이다.

'일본 사회의 가족적 구성'에 관해 가와시마는 1948년에 다음과 같이 진술하고 있다.

일본 사회는 가족 및 가족적 결합에 의해 이루어져 있고 가족적 원리는 민주주의 원리와는 대립되는 것이다. 가족적 원리는 민주주의 원리와는 카테고리를 달리하는 것으로 '장점을 얻고 단점을 버린다'고 말하듯 쉽사리 우리들의 가족생활 및 사회생활의 민주화를 이룩할 수는 없다. 참으로 이런 가족적 원리야말로 우리들의 사회생활의 민주화를 더욱 강력히 저지하는 것이며, 그에 대한 '부정' 없이는 우리들은 민주화를 완수할 수 없다.[20]

가와시마가 여기에서 말한 '가족적 원리'는 다음의 네 가지로 요약된다.

1. '권위'에 의한 지배와 권위에의 무조건적 복종
2. 개인적 행동의 결여와 그것이 초래하는 개인적 책임감의 결여
3. 일체의 자주적 비판 반성을 용서하지 않는 사회 규범, 공공연하게 말하는 것을 금지하는 사회 규범
4. 두목과 부하와 같은 결합의 가족적 분위기와 외부에 대한 적대적 의식. '분파주의(sectionalism)'

---

20) 川島武宜, 「日本社會の家族的構成」, 1948.

이상의 네 가지 점을 일본의 가족적 구성 원리의 주요 특징으로 하고 그것을 '비근대적인 가족 원리'라고 부른다. 이를 부정하지 않고는 일본의 민주주의화는 실현될 수 없고 "자발적인 인격의 상호 존중이라는 민주주의적 윤리 위에서라야 진실로 깊은 인간애로 결합된 가족생활, 사회생활의 정신적 결합이 가능하게 되는 것이다"라고 말하고, "민주주의 혁명은 우리들의 정신에 대한 부정, 즉 정신적, 내면적인 '혁명'을 절대적으로 요구한다. 그러므로 우리들 가족 제도의 문제는 비근대적인 가족 의식을 '부정'하는 일이다"라고 끝을 맺는다. 민주주의적 원리와 정신적·내면적 혁명의 요구란, 바꿔 말하면 베네딕트가 지적한 집단주의와 수치의 문화를 부정하는 것이다. 가와시마의 이러한 주장은 오늘날 본다면 과격한 표현이라고까지 느껴지지만 1948년이라는 시대를 사는 일본의 지식인들 사이에서 특히 사회과학자 사이에서는 오히려 상식이었다. 일본 사회에서 이 시기는 그 '부정적 특수성'을 주장하는 시기임에 틀림없었다. 이 주장에는 두 입장이 있었다.

첫째는 마르크스주의적인 발전 단계에 따르면 일본 사회가 부르주아 혁명 이전의 전근대적 단계에 있다고 보는 견해이다. 가와시마의 주장에서도 보이는 것처럼, 일본적 사회 관계·인간 관계의 기본을 비근대적이고 반민주주의적인 것으로 파악하여 그 문화도 봉건적 사회 관계가 만들어 낸 잔재라고 주장한다. 그러나 이 관점은 역사 유물론을 토대로 하여 생산 관계 중심의 하부 구조를 사회 결정 요인으로 생각하는 입장이라는 점에서, 문화는 상부 구조로 자리 매김되지만, 그 의미는 확실히 설명되지 않고 그 중요성 또한 잘 인식되지 못한다. 온(恩)과 기리(義理) 등 베네딕트가 지적한 덕의 원리도 봉건적, 유교적 원리라고 해서 배척된다.

두 번째는 근대화론에서 포착하는 것으로, 서구에서 발달한 근대 합리주의를 평가의 표준으로 해서 일본 사회를 바라보는 입장이다. 이 입장에서도 구미의 근대 합리주의와 비교하여 일본의 비합리주의가 비판되고 일본 사회가 시민 사회와 민주주의가 발달하지 못한 전근대 사회라고 생각된다. 이 견해는 일본이 자본주의를 파악하는 방법에 대해서 말하고 있는데 예를 들어 오쓰카 히사오(大塚久雄, 1907~ : 경제사학자)가 1947년에 "일본 자본주의의 발달은 서양의 것과 매우 다른 타율적인 것인데 앙시앙레짐(프랑스 혁명 이전의 구제도, 구체제)과도 서로 닮은, 봉건적인 것과 근대적인 것이 함께 모습을 드러내는 언뜻 보기에도 이상스러운 현상이 되고 말았다"라고 쓰고 있는 것처럼 자본주의의 경제적 합리성을 내면적으로 달성하는 정신이 결여되어 있다고 한다.[21] 근대화론에서도 집단주의와 수치의 문화는 역시 부정적 특수성으로 받아들여지고 있

---

21) 大塚久雄,「近代資本主義の特質」, 歷史學研究會 編,『日本社會の史的研究』, 岩波書店, 1947.

다.

　근대화론과 마르크스론은 기본적인 단계에 서로 대립하는 점이 존재한다는 것은 말할 필요도 없지만, 가와시마의 가족론에서 보이는 것처럼 양자(근대적인 것과 봉건적인 것)의 관점이 겹쳐 있기도 한다. 그것은 당시 객관적인 사회과학의 주요 논점으로서 이 시기에 대한 일본 사회 연구의 두 접근법이었다. 양자는 본래 입장을 달리하는 논점이지만, 전후 일본을 파악하는 점에서는 많은 부분에서 공통된 견해를 제시하고 있고 오히려 상호 보충적인 것으로 생각해야 된다. 물론 양자는 점차 다른 방향으로 분리되어 가지만 여기서 그것을 상세히 살펴보지는 않겠다. 이 책의 문제 의식의 범위를 넘기 때문이다.

　주목할 점은 전근대적, 봉건 잔재, 비합리적, 반민주주의적 등의 개념으로 일본 사회를 파악하려고 하는 한, 양자의 입장은 일치한다는 점이다. 두 견해 모두 당시 절대적 영향력을 발휘했는데, 두 가지 다 1945년 이전 일본에서 ‘황국사관’의 천황제와 군부 독재를 허용했던 이유를 봉건적 사회 관계와 일본 사회의 전근대성과 비합리주의에서 찾아내서 이를 부정하고 고쳐서 근대 민주주의 국가로서 출발하지 않으면 안 된다고 주장한다. 그리고 이 경우 일본이 추앙할 만한 모델은 구미 사회였는데, 마르크스주의자도 근대주의자도 근대화, 민주화를 공통의 기치로 내걸고 일본 사회의 후진성을 비판하고 있다.

베네딕트가 지적한 일본 문화의 특징이 바로 후진성의 특징으로 받아들여지고, 기어츠가 높이 평가한 점들이 일본 사회의 정체 이유라고 생각되었던 것이다. 그래서 구미의 사회 관계와 문화는 선진 모델이고 신생 일본이 따라야 할 목표가 되었다. 서구, 즉 아메리카 사회가 달성한 근대화나 민주화와 비교해서 일본 사회와 그 문화를 자리 매김하려는, 다시 말해 일본의 지식인들이 메이지 시대 이래 세계 속에서 일본을 자리 매김하려고 했던 방식은 전후 일본에서 다시 강조되었다. 또 야마토 민족은 세계의 최우수 민족이고, 잔혹한 미국, 영국은 열세에 처해 있다고 무시하는 전쟁중의 세계관은 다시 역전되어 일본 사회에 대한 '부정적-열세' 라는 특수성의 인식으로 무리하게 연결되었다.

　　일본인의 아이덴티티 추구는 다시 선진 모델을 추종하면서 스스로의 문화를 부정하며 열등적인 것으로 인식하는 데서 출발해 부정적이고 열등적인 현실에서 탈출해야 한다고 주장하였다.

4. 역사적 상대성의 인식(1955~63)

　　1950년대에 들어오면서 전쟁 직후의 혼란도 서서히 수습되고 1952년 4월 독립과 함께 새로운 시대가 시작된다. 한국전쟁의 특수 경기가 일기 시작하여 패전국 일본은 경제적 회복을 시작한다.

　　일본 문화의 위치 설정 문제에도 정치, 경제의 변화가 영향을 끼쳐 부정적인 면이 재평가된다. 전쟁 전의 일본 문화론자들과는 다른 시점(관점)이 나타난다. 구미의 선진국 모델(＝자본주의적 발달과 시민 사회와 근대 합리주의)과 사회주의적 발전단계론에 의한 위치 설정과는 다른 관점이 출현한다.

　　이 관점의 특징은 비교 문화적 또는 비교 문명적인 관점에서 일본 문화, 일본 사회의 위치를 설정하는 점이며 또 전전부터 있었던 일본 문화론과 부정적 특수성의 강조를 주요 쟁점으로 하는 근대화론과 마르크스론이 지닌 폐쇄적인 일원론에서부터 탈피하여 다양하게 다가선다는 점이다.

게다가 해외 도항이 엄격히 제한되기는 했지만 거의 초기에 일본을 빠져 나온 사람들에 의한 비교 문화 · 문명적 체험을 기반으로 하는 대담한 일본 문화론이 출현하였다.

미국의 점령으로부터 독립한 후에 "이미 전후는 아니다"라고 경제백서를 선언하는 1955년을 경계로 해서 일본 문화에 이러한 새로운 시작이 출현했던 것이다. 특히 큰 영향을 준 논문이 두 개 있다.

하나는 가토 슈이치(加藤周一, 1919~ : 평론가, 소설가, 동경대학 의학부 졸업, 일본 문화론, 평론집을 발표하였고 1975년에는 일본 문학 고유의 구조 해명을 위해 문학사를 저술하는 등 다방면에 재능을 발휘하였고 넓은 시야를 갖고 문명 비평가로 활약하였다)가 일본 문화의 잡종성을 다룬, 소위 「잡종 문화론」이고, 또 하나는 우메사오 다다오(梅棹忠夫, 1920~ : 인류학, 생물학 전공)의 「문명의 생태사관 서설」이다.[22] 두 논문 다 논단과 지식인층을 넘어 대중적으로도 환영받았고 그 후 일본 문화론의 흐름을 바꿨다. 독립과 경제적 회복에 의해 일본 사회가 안정을 되찾기 시작할 무렵 이 두 일본 문화론의 출현은 일본인의 정신적인 안정을 촉구하는 데에 영향을 주었다고 말할 수 있다. 그런데 일본 문화의 복잡성은 무엇을 의미하는 것일까. 이 일본 문화론도 서구 대 일본이라는 비교 축 위에서 전개된다. 저자인 가

---

22) 加藤周一, 「日本文化の雜種性」, 『思想』 1955년 6월호 ; 梅棹忠夫, 「文明の生態史觀序說」, 『中央公論』 1957년 2월호

토 슈이치는 전후 일찍이 새로운 서구 문학을 소개하고 동시에 새로이 서구 합리주의와 현대 사상의 수법을 도입해 문예 비평과 문화 평론을 하고, 전쟁중의 지식인과는 다른 새로운 지식과 사상의 존재를 드러내려 하고 있었다.

그리고 수년 동안 서구 생활을 체험한 이후, 다시 일본을 발견하려고 시도해 보았다. 서구 근대주의를 추종하는 일방적 발전만이 아니라 '전통 회귀'의 패턴에도 빠지지 않고 '일본 문화의 가능성'을 탐지하려고 한 것이 이 논문이다.

결과적으로는 일본인의 '화양절충'(和洋折衷 : 일본적인 것과 서구적인 것을 절충하는 것)적 생활 양식을 긍정하게 되었다. 이렇게 말하면 오늘날의 사고로서는 평범하게 들릴지도 모르겠다. 그러나 가와시마와 오쓰카의 연구와는 표현 방법이 다르기는 했어도 분명히 새로운 시대의 시각을 의미하는 것이다.

가토의 '잡종 문화'란, 전후 일찌감치 유럽으로 간 경험을 기초로 하여, 서양(특히 영국과 프랑스)과 비교함으로써 "영국, 프랑스 문화를 순수한 문화의 전형이라고 하면, 일본 문화는 잡종 문화의 전형이 아닐까?" 하는 것이다. 영국, 프랑스의 문화도 그 근원을 거슬러 올라가면, 그리스 로마 이래의 전통을 물려받고 있어 외래 문화의 영향을 받지 않았다고는 결코 말할 수 없다. 그러나 그 후 '문화적 국민주의'의 발달에 의해 "원칙적으로 영어 문화도, 프랑스어 문화도 순수 종이고, 영어는 프랑스어 이외의 어떤 것에서도 영향받지 않은 것처럼 보인다"고 말한다. 그와 반대로 "일본은 다른 아시아 나라들과 달리, 서양화가 심각한 정도에 이르렀다는 사실에서 구하지 않으면 안 된다고 생각하게 된" 점에서 일본과 서양이라는 두 문화가 깊이 융화되어 있다는 사실이야말로, 일본 문화의 특징을 나타낸다는 것이다. "전통적인 일본에서 서양화한 일본으로 관점을 옮긴 것은 결코 아니다. 그보다 일본 문화의 특징은 그 두 가지의 요소가 깊은 곳에서 얽혀 있어, 어느쪽도 뺄 수 없다는 점을 인식하기 시작한 데 있다"고 가토는 말한다.

그는 서구에서 돌아와서 일본의 자연과 전통의 아름다움에 감격하며 또한 공업화의 놀라운 발달에 눈을 크게 뜬다. 고베에 상륙해 발견한 '일본'은 마르세이유와 싱가포르와도 다른, 서양 그 자체도, 식민지적 서양도 아닌, 일본과 서양의 절충이고 그 두 요소가 합쳐진 잡종 이외의 무엇도 아니었다.

'잡종 문화론'은 이러한 가토의 일본 발견 과정에서 만들어진 것이지만, 거기에는 일본의 근대화를 서양화로 보려고 하는 점에서도 전통으로의 회귀로서 논하려고 하는 점에서도 "문화 문제에 대해 국민주의적이어야만 한다"고 하는 점에서도 '자유'롭고 싶다는 주장이 포함되어 있다. "잡종이라는 말에 좋은 의미도 나쁜 의미도 부여하지 않는다" 그리고 "순수 종에 대해서도 마찬가지이다"라고 지적하고, "잡종이란 근본이 잡종이라는 것"이라고 말한다. 중국을 시작으로 하는 대륙에서 온 외래 문화의 영향은 심각한 정도로 일본 문화를 규정하고 있지만, 가토가 여기에서 지적하는 것은 현대 일본을 생각할 경우 "정치, 교육, 그 외의 제도와 조직의 대부분도 서양의 형태를 취해 만들어진 것"이고, 일본적 전통이 순수 종으로 성립한 것은 아니라는 것이다. 이것을 일반적인 일본인은 생활에서 자주 실감하고 있고 잡종을 그대로의 형태로 받아들여 그런 대로 재미있게 사는 방법을 연구하고 있는 것으로 보아, 화양절충은 일본인의 생활에서 잘 융합되고 있다. 그런데, 지식인은 그것을 자연스럽게 허용할 수가 없다. 지식인이 문화에 문제 의식을 가지고 있을 경우 그들은 일본 문화의 잡종성을 공격하고 순화해야 한다고 생각하게 된다. 일본 문화의 순수화 운동이 거기에서 일어나지만, 그것은 필연적으로 실패하는 역사를 반복하게 된다.

가토가 주장하는 것은, "일본의 문화는 잡종이고, 그 나름대로 훌륭한 문화이다"라는 것이다. 사실 문제가 되는 것은 순수 문화에 대해 열등감을 갖는 것이 아니고 "문화의 잡종성 그 자체에 적극적인 의미를 부여하고, 그것을 그대로 활용해 갈 때에 어떤 가능성이 있을까", "문화의 잡종성에는 정말로 적극적 의미가 있는 것일까"를 질문하는 것이고, 그것은 "물론 있다고 필자는 생각한다. '철저한 잡종성의 적극적인 의미'를 묻는 일이 충분히 가치 있다고 생각한다"라는 것이다.

　가토처럼 일본이 낳은 매우 순수한 서양형 지식인이 일본 문화의 잡종성의 적극적인 의미를 물어 그 가능성을 믿고, "일본인은 서양의 것을 연구하기보다 일본의 것을 연구하고 그 연구로부터 일을 진행해 가는 편이 학문, 예술에서 생산적이 되리라고 생각했다"는 것은 크게 의미 있는 일이었다. 1955년은 일본 경제가 고도 성장의 단계에 들어간 해라고 하지만, 아주 일반적인 의미에서, 패전 후 자신을 잃은 일본으로부터 회복하려는 의지가 지식인의 일본 회귀라는 형태로도 나타난 것은, 가토가 말한 일본 문화의 순수화 운동에 대한 비판과 경고에도 불구하고, 역시 인정할 수 있는 일이라고 생각된다. 무엇보다도 "일본인은 서양의 것을 연구하기보다 일본의 것을 연구"하는 편이 생산적일 것이라고 생각했다고 가토가 언급하고 있는 점에 적지 않게 "주의를 기울여야 한다"고 생각한다. '일본 문화론'을 위해서도, 사실 가토와 같은 잡종 문화적 또는 복안적인 시점을 가질 수 있게 된 일본의 지식인은 학문·예술뿐만 아니라 일상생활에 보다 깊게 참여하는 형태로 서양을 이해할 필요가 있다. 가토의 논문이 나온 그 해를 경계로 해서 일본 문화론은 가토가 걱정하고 두려워한 순수화 운동으로 이룩해 가고 있었기 때문이다. 하지만 그것을 검토하기 전에 이 시기에 대해서 언급해 두지 않으면 안 될 사항이 있다.

'잡종 문화론'이 출현한 의미는 크고, 그 영향은 광범위하게 퍼졌다. 가토의 의도와는 어긋날지도 모르지만, 잡종 문화론은 일반적으로는 다음과 같이 이해되었다고 해도 좋을 것이다. 우선 흔히 순수에 약한 일본인에게 기분 좋은 메시지로서, 대강의 줄거리는 다음과 같이 이해되었다.

즉, 일본 문화는 대륙에서의 영향과 흑선 이래 구미화 물결에 휩쓸렸지만 여기서 태어난 잡종성에는 적극적인 의미가 있다. 영국, 프랑스 등 서구의 순수 종에 열등감을 품을 필요는 없다. 오히려 그곳에서 구미와는 다른 가능성을 찾아내야만 한다.

그것은 또 대중이 생활에서 실감하는 것들 속에서 파악하고 즐거워하는 잡종성의 의미를 중요시할 것을 언명하였고, 이 주장은 당시의 일본인에게 큰 용기를 주었다. 그것은 이 시기의 일본인이 어떠한 형태로든 외부로부터 본 일본인과 일본 사회·문화의 가능성을 보증받기를 바라는 심리에 부응하는 것이었다고 한다.

'잡종 문화론'이 나온 지 2년 후에 이번에는 '문명의 생태사관'이 나타난다. 이 논문은 마치 대형 태풍같이 50년대 후반의 일본을 휩쓸었다. 지금은 잘 알려진 이 논문에서 우메사오는 가토의 '잡종 문화'의 적극적 인식을 한층 더 향상시켜 서구와 일본 문명의 평행 진화를 주장했다.[23]

23) 이하는 우메사오의 논문 요지를 서술한 것인데, 이 논문과 우메사오

우메사오의 생태사관은 언뜻 보기에 가토의 잡종 문화론과는 논점도 주장도 달라 보인다. 가토는 서양에서 일본으로 돌아와서 일본 인식을 갖게 되었다. 가토는 문학·사상을 중심으로 문화를 파악한 데 대해, 우메사오는 생태 환경에서 문명을 파악했다. 학문적 배경에서도 가토는 서구파이고, 우메사오는 일본파 또는 아시아파로 매우 다르다. 정치적으로도, 도쿄와 교토라고 하는 출신도, 삶의 방식도 극단적으로 다르다.

그러나 이 두 개의 논문에 관한 한, 두 사람의 논점은 꽤 비슷하다. 이 시기에 지식인으로서 취향이 매우 다른 두 사람이 이러한 논고를 뜻밖에 똑같이 발표했다고 하는 점에서 전후 일본의 시대 변화를 보는 느낌이다. 분명히 1955년에 시작한 신시대에는 기존에 없던 새로운 바람이 일본의 지적 풍토에 불어온 것이다. 그러면 우메사오 다다오의 논점은 무엇인가, 생태사관을 살펴보도록 하자.

이 논문의 주안점은 종래의 세계사를 바라보는 관점, 예를 들면 동양과 서양이라는 분리 방식, 또는 서양 근대 사회를 정점으로 하는 전제 하에서 조립된 사회 진화적인 사고 방식 등에 따라, 구세계를 제1지역과 제2지역으로 나눠, 일본과 서구를 제1지역으로, 중국·인도·소련 등을 제2지역으로 분류하는 데 있다. 특히 일본은, 서유럽과 같

의 일면에 대해 논한 논문이 있다. 拙論, 「梅棹忠夫」, 『言論は日本を動かす』 제9권 ; 丸谷才一, 『文明を批評する』, 講談社.

은 제1지역의 범주에 들어가는 선진 자본주의국의 하나일 뿐 아니라, 생활 양식의 특징에서 보면 다른 아시아 제국 그리고 제2지역에 들어 있는 국가와는 다르다고 명확하게 자리를 매겼다. 일본은 문화적인 계보로 본다면 틀림없이 아시아 문화에 속하고, 언어·풍속·관습 등 모두 서구와는 다르다. 하지만 근대화라는 점에서 본다면 고도의 근대 문명을 갖는다는 면에서는 다른 아시아 제국과 비교해서 훨씬 서구와 비슷한 상태에 있다. 이 고도의 근대 문명이 일본에서 달성된 것은 단순히 서구 모델의 모방으로 이루어진 것이 아니라, 서구와 일본이 역사에서 평행 진화되어서 가능할 수 있었다고 생각할 수 있다. 일본이 서구와 비교해서 근대화에 뒤떨어진 것은 사실이고 근대 문명을 구성하는 많은 요소가 서구에서 들어온 것은 부정할 수 없지만, 일단 근대화의 과정에 진입한 후에는 독자적인 근대 문명을 만들어 내기 위한 일본의 직접적인 운전이 시작됐다. 그 운전의 목적지는 결코 일본의 서구화에 있는 것은 아니고, 일본의 독자적인 근대 문명 달성에 있었다. 서구와 일본은 유라시아 대륙의 서쪽 끝과 동쪽 끝에 있고 그 생태학적인 위치와 역사적 과정에서 대단히 비슷한 조건을 갖고 있다. 그 때문에 평행적인 발전의 길을 걷게 되었다. 일본의 근대화는 서구의 모방에 의한 것은 아니고 생태사관으로 본다면 그것은 필연적인 흐름이었다고 우메사오는 기술했다.

여기에서 우메사오가 사용한 생태사관이라는 말은 신선한 반향을 일으켰다. 일본을 세계사 속에서 자리 매김하고자 하는 시도는 여러 가지로 있었는데, 근대화론이나 사적 유물론 이외에도 아시아적 생산 양식, 전파론, 계보론 및 근대론 등이 있다. 어느것이나 계보나 구성 요소 그리고 생산 양식 등의 결정 요인을 채택한다.

이에 비하여 생태사관은 어디까지나 현재 상태에서 하나의 사회 전체상을 파악하여 무엇보다도 전체로서의 존재 방식을 문제로 한다. 식물 생태학에서 관찰된 "일정한 조건 하에서는 공동체 생활 양식의 발전이 일정한 법칙에 따라 진행된다"는 사고를 기초로 하여, 대담하게 구세계의 발전사에 응용하려고 시도했다. 공동체 생활 양식의 변화가 주어진 환경과 거기에서 살아가는 주체로서 인간 집단과의 상호작용의 결과에 의한 것이라고 생각한다면, 인간 사회의 전개 방식에서도 일정 법칙을 구할 수 있을 것이며, 또한 제2지역에서도 같은 평행 진화를 볼 수 있다고 지적했다. 거기에서는 고대 문명의 발상, 대제국의 건설, 대전제국가의 융성, 그리고 내부 모순의 축적에 의한 대제국과 문명의 붕괴라는 형태로 전개된다. 중국, 인도, 소련, 터키 그리고 그들 대제국·대문명에 부속된 위성 국가군에 의해 형성된 지역이 제2지역이다. 그러나 거대 문명의 중심에서 멀리 떨어져 변경에 위치한 제1지역에서는 그 위치 덕분에 대제국의 지배를 모면하고, 아열대적인 자연

환경 속의 풍요로운 자연 조건에 의해 봉건제에서 근대 국가로의 전개가 가능했다.

　서구와 일본을 제1지역으로 분류해서 평행 진화의 측면에서 같은 위치에 두고, 다른 광대한 건조 지대 전체를 제2지역인 거대 제국과 그 위성 제국으로 일괄해서 함께 묶어서 근대 문명으로 이행하기가 곤란하다는 것을 지적하는 문명의 생태사관은 획기적인 일본론으로 주목을 받았다.

　생태사관에 의한 이 분류는 지금이라면 극히 당연하게 느껴질지도 모르지만 역사주의와 유물사관 그리고 근대론의 일원적 발전 단계설에 지배되고 있었던 당시의 일본에서는 정말로 대담하고 신선한 세계사의 수용 방식이었다. 무엇보다도 서구와 일본과의 평행 진화라고 하는 점에서 보면 하야시 겐타로(林健太郎)가 지적하듯이 일본 초기의 마르크스주의자는 비슷한 시점을 갖고 있었을지도 모른다. 서구 체험은―강렬한 이문화 체험으로 일본인에게 각인됐지만―물론 중국이나 인도 그리고 중동 제국을 여행해 보면 일본과 다른 점은 확연하다. 일본이 어느쪽에 속하는가라고 묻는다면 지리적, 역사적인 관계에서 말하면 당연히 아시아의 일원임에 틀림없지만 현대 일본이 나타내는 특징은 분명히 서구적이며, 다른 아시아 제국과는 큰 차이가 있다. 일본은 극서라는 견해도 있을 정도이다. 그렇다고 해도 서구에서 돌아오면 아시아적 특징도 가는 곳마다 노출되어 있고 서구와는 본질적으로 다른 점도 느껴진다. 비교는 단순하게 행할 수 없지만 국가로서의 지향성으로 본다면, 또한 사회 건설의 방향에서 본다면 일본은 이미 '탈아입구(脫亞入歐)'의 국시로 발전된 서구형 사회임에 틀림없다.

이러한 감상은 실제로 세계를 경험해 보면 자연히 발생되는 사고일지 모르나 학문적으로 그것을 논리적, 체계적으로 서술하는 것은 힘들다. 특히 당시의 학문, 사상을 지배하고 있던 세계를 파악하는 도식으로 본다면 대단히 전개하기 곤란한 테마였다는 것은 사실이다. 이는 '잡종 문화론'도 마찬가지이다.

생태사관을 '탈아입구'라는 말로 통하는 일본의 이론적인 변명으로 받아들일 수도 있다. 그러나 변명이라는 말로 우메사오의 시도를 표현하기에는 불충분하다. 생태사관의 메시지는 좀더 열린 적극적인 성격을 나타내고 있다.

우메사오가 일본을 제1지역에 자리 매김하는 방법에는 두 가지 특징이 있다. 첫째는 다른 아시아 제국과 비교하여 현격하게 뛰어난 일본의 근대 문명 발달을 지적하고, 가토가 서구의 순수 문화 체험에서 잡종 문화를 생각한 데 반해 중앙아시아에서의 조사 체험을 통해 아시아에서 본 현대 일본을 자리 매김했다는 점이다. 다음은 그 근대 문명 발달을 가늠하는 척도를 보다 잘사는 데 두었다는 것이다. 편리한 생활과 양질의 삶을 표준으로 하여 사회 비교를 하는 것이다.

이것은 극히 현실적이고 실리적인 역사 해석으로, 이데올로기나 사상적 편향을 벗어난 자유로운 발상이라고 신선하게 평가되었다. 하지만 잊어서는 안 될 것은 현재 일본에 대한 긍정적인 평가를 강하게 부각하는 논조라는 점이다. 우메사오에 따르면 일본의 현재는 독자적인 근대적 발전의 길을 걷고 있으며 절대로 부정되어서는 안 되는 것이다. 문명의 생태사관은 현재 일본에 대한 긍정과 서구와의 평행 진화를 지적함으로써 일본인과 그 문명의 가능성을 적극적으로 고양하는 강한 메시지를 가지고 있다.

가토의 잡종 문화론과 우메사오의 생태사관은 대단히 다른 외관을 보이고 있으나 실제적으로는 유사한 주조음을 울리고 있다. 가토가, 일본 문화의 잡종성이 대중 사이에서 호응을 얻고 있다고 말하고 지식인의 의견이 아닌 일반 민중의 생활 자체를 긍정적으로 평가하고 있는 것과 마찬가지로 우메사오도 보다 나은 생활을 척도로 한 평행 진화를 주장하였다.

이 두 사람의 논자는 공통적으로 일본 문화 또는 일본 문명의 적극적이고 긍정적인 의미를 생활 자체에 두었지 이데올로기나 사상에 두지는 않았다. 두 사람의 논점은 화양절충이건 뭐건 현재 일본이 누리는 문명생활의 질을 평가하는 데 있다. 여기에는 가와시마나 오쓰카, 더욱이 마루야마와 같은 근대론자가 주장하는 일본의 후진성에 대한 부정이 보이지 않는다. 가토와 우메사오는 사고 방식도 입

장도 크게 다르나 1950년 후반의 이류 시기에 일본의 가
능성에 대해 긍정적 평가를 하고 있다는 점에서는 그 평가
의 근거가 거의 같다고 해도 좋다. 아울러, 근대 서구와 상
대적 비교 관점을 제시하고 있고 서구 모델을 모방하거나
추종하는 관점을 피하고 있다.

그러나 이 시기에는 외부의 눈도 일본을 똑같이 보고
있었다는 것을 잊어서는 안 된다. 미국의 사회학자 로버트
벨라는 1956년 간행한 『일본 근대화와 종교 윤리』(도쿠가
와 종교)에서 우메사오의 생태사관과는 다른 점에서 일본
의 근대를 서구의 그것과 비교하여 일종의 평행 현상을 인
정했다.[24]

메이지 이후 근대 국가 건설에서 산업화에 일본이 성공
한 원인을 도쿠가와(德川) 시대의 종교 윤리와 사회 발전
의 분석에서 도출하려고 벨라는 시도했다. 이러한 극히 이
론적인 정합성을 지닌, 당시 유행했던 파슨스(Parsons)식
개념의 유형적 분석으로 일본의 근대화를 명백하게 하려
는 연구에는 많은 이론(異論)도 있지만, 일본의 종교처럼
취급하는 이시다 심학(石田心學)을 도쿠가와 시대의 프로
테스탄트 윤리에 비견하여 산업화의 요인으로 자리 매김
하는 논의는 지금도 대단히 자극적이다. 특히 무사 계급과

---

24) Bellah, R., *Tokugawa Religion : The Value of Pre-industrial Japan*, Free
Press, 1956(R · ベラ-, 『日本近代化と宗教倫理』, 堀一郎 · 池田昭 譯
〈丸山眞男解説〉, 未來社, 1962).

산업화의 밀접한 관계를 추구하여 이에 의해 굳건해진 정치 체계와 지배적인 정치 가치는 분명히 산업 사회의 부흥에 적합하다고 지적한 것이 주목된다.

벨라는 막스 베버적인 프로테스탄티즘의 윤리와 자본주의의 정신을 일본 도쿠가와 시대에 안이하게 대입하려 한 것은 아니다. 도쿠가와 시대에, 자본주의와 산업화 준비 과정에 주목했다고 하더라도 "이것은 만약 사람들이 유럽의 자료만으로 외부에서 바라다보면 반드시 기대할 수 있는 상태는 아니"라고 말하고 있다. 또한 일본인이 꼼꼼하여 질서 있는 세계를 만든 점을 지적하여, 이것을 독일 사회의 '요령 좋은 것과 질서에 대한 관심'과 비교하여 양자가 명확한 대조를 보이고 있다고 한다. 즉, 독일은 보편주의가 개별주의보다 현저하고, 창출된 질서도 보편주의적 질서이다. 그래서 이론적이고 합리철학적인 과학적 질서가 지배적이 되었고 그것은 사회 자체의 체계와 합리성에 대한 관심에서 왔다. 이에 반하여 일본인의 질서에 대한 관심은 개별주의가 중심이고 인식적이기보다는 심미적이라고 한다.

벨라는 서구와 일본을 단순하게 연결하지 않고 많은 점에서 유보했지만 다른 아시아 지역과 비교해서 일본은 분명히 서구와 유사하다는 것을 시사하였다. 벨라는 비서구 사회에서 산업화를 수행하는 경우 서구 사회처럼 긴 시간을 들여 자본과 기술의 축적을 이룩하여 산업 사회로 발달했다는 역사적 배경이 결여되어 있기 때문에, 일본에서는 정부에 의한 발빠른 지원의 준비가 필요하다고 하였다. 정부만이 산업 사회를 발달시킬 수 있다는, 즉 위로부터의 산업화밖에 가능성이 없다는 것이다. 그러한 상황에서는 정치 및 정치 가치의 강도가 긍정적인 요인이 된다고 벨라는 지적하고 "모든 주요한 비서구 사회 중에서 일본이 강력한 정치 체제와 중심 정치 가치를 갖고 있다는 점에서 특이한 존재로 주목된다. 그래서 필자 생각에 일단 이러한 특징 때문에 일본이 다른 나라와는 달리 산업화를 수용하였다는 것을 알게 되었다"라고 주장하였다. 이것은 러시아, 중국, 인도와 비교해 보면 확연한 일인 것이다.

벨라는 종교가 일본의 정치적, 경제적 합리화 과정에서 중요한 역할을 했다고 보고, 그것은 중심적 가치의 실천을 지지하고 강화해서 필요로 하는 정치적 혁신에 대해 동기와 정통성을 부여하고 근면과 검약을 강조하는 세속적 금욕주의 윤리를 강화하는 여러 일들을 통해 이뤄졌다고 했다. 이것이 타당하다면 이 점도 다른 아시아 여러 국가의 경우와는 다르고, 일본 종교에는 극히 합리적인 면이 있다고 할 수 있다. 힌두교나 유교 또는 이슬람교가 지닌 합리성과는 거리가 먼, 산업화를 막지 않고 사회 변화를 방해하지 않는 성격을 일본 종교는 갖고 있다. 일본 종교라고 일괄적으로 말할 수 있는가 하는 문제와는 별도로 이것은 필자도 찬성할 수 있는 견해이다. 벨라의 연구는, 일본 근대화를 파악하기 위해 중국과 비교한 점 등, 많은 문제가 제기되지만 일본 문화론으로서는 그 메시지가 가토나 우메사오의 논문과도 호응하는 일본의 가능성을 적극적으로 평가한 점에서 서구에서의 역사적 상대성을 보여 주는 정말로 이 시기를 대표하는 논문이라 생각할 수 있다.

게다가 외부 시점으로 역사적 상대성의 인식을 지지하는 관점에 대해서는 봉건적인 서구와 일본을 비교 연구하는 E. O. 라이샤워의 역사적 유사성의 지적이 있다.[25]

이 시각에 들어서자 외부의 시각으로 세계 속의 일본을 바라보는 것은 점차 긍적적으로 변해 갔고, 일본에 대한 긍적적 평가가 늘어났다.

잡종 문화이건 서구와의 평행 진행이건 일본인이 자기 인식을 추구하는 데 있어서, 패전 후의 굴욕과 열등 의식, 잘못된 과거의 인식, 전근대적인 봉건 제도의 잔재 등 부정적 견해를 벗어나 이제 겨우 일본의 독자성을 주장하고 선진 구미 여러 국가와의 유사성을 강조함으로써, 그 인식은 자기 회복에 큰 역할을 했다.

이 시기를 통하여 마르크스주의나 근대주의로부터 일본 문화론이 많이 나왔지만 안팎에서 보이는 논점의 변화

---

25) Reischauer, E. O., *Japan : Past and Present*, Boston, 1946(E · O · ライシャー, 『日本/過去と現在』, 岡野満 譯, 1984). E. O. Reischauer, *The Japanese*, Harvard University Press, 1978(E · O · ライシャー, 『ザ・ジャパニーズ』, 國弘正雄 譯, 文藝春秋社, 1979).

는 확실히 간과할 수 없다. 하나의 획기적인 전환이 일본을 파악하고자 하는 관점에서 생겨났다는 것은 깊이 생각하지 않을 수 없다.

일본 문화론의 큰 특징으로서 늘 외부의 눈을 의식해 왔다는 것을 들 수 있다. 이 책에서 충분히 서술할 여지가 없어서 안타깝지만, 전후 일본의 발전 속에서 『국화와 칼』이래 이러한 외부에서 보는 눈의 존재는, 일본인이 보는 일본의 자리 매김에 큰 영향을 미쳐 왔다. 일본인과 일본 문화의 가능성을 둘러싼 내부와 외부 시점의 교차에는 놓칠 수 없는 중요한 의미가 있다. 그것은 결코 내부의 눈이 외부의 눈을 일방적으로 따라가는 형태는 아니나 우메사오의 생태사관조차도 토인비의 『도전과 응전』의 문명론적 틀을 의식한 것처럼, 어떤 형태로든 일본인에 의한 일본 문화론에 영향을 미쳤다. 이 시기의 특징 중 하나는 토인비 저작의 소개와 번역이 나와 '비교 문명론'에 대한 관심이 대단히 높아진 점이다. 이 관심은 생태사관에의 공감에서 나타나듯이 일계통론적 진화론이나 발전 단계론, 근대주의에서 나타나는 서구 중심주의에 대한 회의나 반발이 출현하는 것과 시기를 같이한다.

전후 일본의 인식이 부정에서 긍정으로 바뀌는 시기에 이런 비교 문명론에 의한 상대화 과정이 있었다는 것은 주목할 만하다고 생각한다.

5. 긍정적 특수성의 인식 : 전기(1964~76), 후기(1977~83)

앞에서 잠시 이야기한 대로 1955년 일본 경제가 고도 성장에 들어섰다는 설이 있으나[26] 일본인과 일본 문화의 자리 매김에 대해서도 잡종 문화론과 문명의 생태사관이 거의 동시에 나와서 전후 일본에서 하나의 획을 그었다는 것을 앞장에서 보았다.

그 다음 시기에는 말하자면 1960년 안보[27]를 사이에 두고, 경제 성장과 사회의 안정이 점차로 확실시되어, 이데올로기보다는 현실주의가 전면에 나타났다. 1960년대는 세계적으로 경제 성장의 시대였다고 한다. 그중에서도 일본의 경제 성장은 대단히 커서 1964년부터 74년에 이르기까지 10년간의 실질 경제 성장률은 10.2%를 기록했다. 이것은 미국 4%, 영국 3%, 프랑스 5.6%, 독일 4.7%와 비교해

---

26) 富永健一, 전게논문 「保守化とポスト・モダンのあいだ」, 『世界』, 1989년 3월호.

27) 미일 양 정부의 미일안전보장조약 개정에 반대하여 일본의 민주 세력이 전개한 대투쟁.

보면 발군의 성장률이라 말할 수 있다.[28]

패전국의 이미지는 완전히 없어지고, 다시 세계 대국으로서의 행보를 시작했다. 정치적으로도 사토 에이사쿠(佐藤榮作, 1901~1975 : 1964~1972년 수상을 지냄)는 안정된 보수 노선을 진행해 갔다.

1960년 안보 뒤에 논단도 급속히 보수화되었고 좌익도 구조 개혁에 흔들린다. 이 시기 일본 문화론은 좌익 논단의 퇴조 후에 생긴 공백을 메우려는 듯이, 논단 중심으로 약진해 가는 듯한 성황을 보인다. 경제적으로 성장한 풍요 사회의 도래와 정치적 안정은 일본인 사이에서 새롭게 문화와 아이덴티티에 대한 강한 요구를, 비교 문명론적인 세계에서의 일본의 위치를 긍정적으로 확인하였고 다음으로 필요하게 된 것은 일본 시스템이 우수하다는 점을 확인하는 것이다.

세계 선진 제국과 어깨를 겨룰 만큼 산업화에 성공한 일본인의 가능성은 그 사회와 문화 시스템의 훌륭한 지주로서 더욱더 큰 기대를 받게 되었다. 일본 문화론은 그 경향을 여실히 반영한다. 이 시기에 베네딕트가 『국화와 칼』에서 제시했던 일본 문화의 특징을 일본인 스스로 다른 관점에서 본격적으로 다시 파악해 보려는 시도가 시작되었다. 1964년부터 83년에 이르는 약 20년간을 '긍정적 특수

---

28) 正村公宏, 『圖說戰後史』, 筑摩書房, 1988.

성의 인식 시대'라고 구분했지만, 이 시기가 바로 경제 대국이라는 자기 확인 추구가 행해진 시기이다. 일본 문화론 혹은 일본인론이란 논의의 장이 떠들썩하고 활발해진 것도 이 시기이고 대중 소비재로서 소비된 것도 이 시기다.

일본인이란 무엇인가 하는 질문이 거듭되고, 거기에 대해 내외에서 가지각색의 응답이 나왔다. 해외에서 일을 하는 일본인의 수도 비약적으로 증가하여 일본 문화론의 요청은 국제 사회에서 활동하는 일본인에게도 필요한 것이었다.

이 시기에는, 몇 가지 대표적인 혹은 상징적인 일본 문화론이 출현한다. 그러나 대중 소비재로서 일본 문화론이 어느 슈퍼마켓에서라도 팔릴 것 같은 상품으로 변했음에도 불구하고, 진짜 문제를 제기하는, 즉 핵심을 찌르는 문화론은 몇 가지에 불과하다. 이 20년간은 고도 경제 성장기에 들어선 일본이 국내외적으로 대국에 걸맞은 국가와 사회 건설을 이행하지 않으면 안 된다는 요망과 비판에 처해진 시기이기도 하다. 20년간이라고 해도 시간이 흐르는 동안 전기와 후기로 나뉘어 변화가 나타난다. 이 변화에는 큰 의미가 있다고 생각하는데 뒤에서 말하겠지만 이 변화가 오늘날 성황을 이루는 일본 특수론의 출현과도 관련이 있기 때문이다. 그러면, 이 시기의 대표적인 일본 문화론을 살펴보자. 사회인류학자 나카네 지에(中根千枝)는 1964년에 『일본적 사회구조의 발견』을 발표했는데 이 논문은 커

다란 반향을 불러일으켰다.[29]

　일본인에 의한 일본인의 집단주의 원리의 해명과 독자성의 지적이란 형태로 이 논문은 받아들여졌다.

　가토의 서구, 우메사오의 중앙아시아와 마찬가지로 나카네의 입장은 인도 사회에서의 조사 경험이 일본 사회를 파악하는 데 비교의 관점을 제공하고 있다. 나카네에 의하면 일본과 정반대 사회 구조를 지닌 것이 인도이고, 집단주의의 존재 방식도 "일본인의 집단 의식은 언제나 장소(場)에 따라 존재하고, 인도에서는 반대로 자격에 의거한다"는 것이다. 이것이 나카네 논문의 중심 내용이다.

　그러나 나카네가 전개한 일본의 사회 구조 분석론은 1967년에 『종적 사회의 인간관계』(한국어역으로는 1982년 최길성 역, 형설출판사 간 『일본의 사회구조』와 1995년 명지대학교 일본문제연구소 역, 학문사 간 『일본 사회의 인간관계』, 1996년 양현혜 역, 소화출판사 간 한림신서 『일본 사회의 인간관계』가 있다)로 정리되어 출판되자마자 대베스트 셀러가 되어 일본 사회가 종적 사회라는 설은 국내외에서 통설이 되어 버렸다. 그 영어판은 *THE JAPANESE SOCIETY*로서 그야말로 전세계에서 일본 연구의 기초 문헌으로 사용되었다. 현대 일본인에 의한 일본 연구서로서는 내외에서 가장 많은 독자를 획득한 책일 것이다.

---

29) 中根千枝, 「日本的社會構造の發見」, 『中央公論』 1964년 5월호.

이 책은 기본적으로는 사회 구조의 비교론이지만, 인도와 비교하는 점은 그다지 깊이 있게 연구되지 않았고, 그 점에서 압도적으로 일본 문화론의 레벨로 평가된다. 이것이 일본의 독자에게 행복인지 불행인지는 알 수 없다. 사회 구조의 비교론으로 읽는다면 또 그처럼 저술되어 있다면 일본 문화론은 또 다르게 전개되었을지도 모른다.

그러면, '일본적 사회구조의 발견'이란 것은 무엇을 가리키는 것일까.

나카네에 의한 '일본적 사회구조의 발견'이란, 단적으로 말하면 일본인의 집단 및 조직 원리에 종적 성격이 있다는 주장이지만, 그 종적 성격이란 것은 어디에서 오는 것일까. 거기에는 몇 가지 결정 요인이 인정된다. 그 결정 요인은

첫째, 바(場 : 장소)의 강조

둘째, 집단에 따른 전면적 참가

셋째, 종적 조직에 따른 인간 관계이다.

일본 사회 집단의 존재 방식은 나카네에 의하면, '바(場)'를 강조하는 데 특색이 있다. 개인이 사회를 향해 자신의 자리 매김을 할 때, 자신의 자격보다 '바'를 중요시한다는 것이다. 말하자면, 사회라든가 대학이라든가 하는 "틀이 상당히 사회적인 집단 구성−집단의식으로 기능하였고, 개인이 가진 자격 자체는 제2의 문제가 된다." 자신이 속한 직장, 회사, 관청, 학교 등을 '우리'라고 부르고, 일

정한 계약(고용상)을 맺고 있는 기업체라고 해서, 자신에게 객체로서 인식되는 것이 아니고 '나의 그리고 우리의 회사'라는 주체로서 인식된다.

그 근거는 일본의 전통적인 '이에(家)' 개념에서 볼 수 있지만, 나카네는 지금까지의 '이에'에 대한 이해가 사회 집단의 본질적인 구조로서 다루어지지 않았다고 비판하고, 그것이 거주(공동생활), 혹은 경영체라고 하는 틀을 설정함에 따라 구성된 사회 집단 중의 하나라고 설명한다. 그에 따라 '바'가 중요성을 가진다고 지적하고 있다. '바'라는 범위에 의한 기능 집단의 구성 원리야말로 '이에'가 전혀 혈연으로 연결되지 않는 타인을 후계자 · 상속자로 자리 매김을 하고도 의문을 갖지 않게 하는 근거가 된다.

이렇게 형성된 사회 집단에는 자격을 달리하는 사람이 그 성원으로 포함된다. 거기에서 집단의 통합을 강화하는 구실을 하는 것이 "한 테두리의 구성원에게 일체감을 가질 수 있도록 작용하는 것"과 "집단 내의 개개인을 연결하는 내부 조직을 생성시켜, 그것을 강화시키는 것"이다. 그것이 우리들이라는 집단의식의 강조이며, 거기에서 지역적이고 접촉적인 인간 관계가 생겨난다. 안과 밖을 구별하는 의식과, 그것에 얽혀 있는 정서적인 결속감이 생긴다. 그 결과 집단의 구성원에 의한 전면적 참가라는 형태가 집단이 의사 결정을 할 때 나타난다. 이러한 바(場 : 장소)와 집단의 일체감에 의해 생겨난 일본의 사회 집단은 그 조직의 성격을 부모 자식 관계와 비슷한 종적 관계에서 구하게 된다. 집단 구성, 공간의 질서를 만들어 내기 위해 채용되는 것이 종적 관계이며, 종적 관계란 "동렬(同列)에 놓을 수 없는 A, B를 연결하는 관계이다." 이에 대하여 횡적 관계는 형제 자매 관계와 비슷한데, 이것은 동렬의 관계를 이룬다. 일본적인 사회 집단에서는 '종적' 관계에 의한 집단 내부의 서열화가 발달되어 있다. 그것이 집단 밖의 타집단과의 관계에서는 대립이 아닌 집단간 병렬 관계를 만들어 낸다.

나카네의 일본적 사회 집단의 분석은, 이와 같은 사회구조를 추출함으로써 이데올로기적인 집단주의론이나 전근대적이라고 그때까지 엄하게 비판당한 가족적 구성론을 물리치고, 자격의 사회와는 대립적인 '바'의 사회, 횡적 집단 조직 원리와 대립적인 종적 원리의 대조의 형태로서, 일본적인 사회 집단의 모습을 명확히 하고 있다. 나카네는 학자 조사단의 조직 형태를 일본과 서구의 경우에 비교하여, 전자가 '모두의 조사단'인 데 비하여 후자는 어디까지나 '단장의 조사단'이라는 예를 들어 계약 관계에 기초를 둔 조직(서구)과 공동체 관계(일본)의 차이를 논하였다. 거기에서 나카네는 일본적 집단에서 지도자가 되려면, 천재성을 가진 사람보다는 평범한 사람이 중재역을 맡는 편이 잘 진행된다는 점을 지적하고 있다. 거기에는 '바'를 매개로 한 인간 평등주의가 있고 동시에 집단 원리를 지배하는 강한 정서적인 일체감이 보인다. 이 일체감은 역으로 배외(排外)주의와 "중이 미우면 가사도 밉다"라는 식의 비판 정신 결여를 초래한다고도 한다. 그것을 논리성의 결여라고 나카네는 말한다. 한편 종적 사회의 집단 원리가 일본 근대화에 공헌했다는 평가 또한 하고 있다.

거기에 더하여 종적인 "뿌리가 든든한 인간 관계의 형성 방법이란, 결코 종래 설명되었던 것처럼 봉건적이라든가 하는 간단한 문제가 아니며, 공업화라든가 서구 문화의 영향에 의해 간단하게 시정될 것도 아니다"라고 하고 "이것은 일본인의 핏속에 면면히 흐르고 있으며 일정한 조건에 놓여 있을 경우에 극단적으로 나오기도 하고, 나오지 않기도 할 뿐이며, 뿌리깊이 잠재해 있다는 것을 알지 않으면 안 된다"라고 주장하고 있다.

나카네의 『일본적 사회구조의 발견』은 사회 구조의 추출이라는 사회인류학적인 분석 절차를 통해 이끌어 낸 결과로, 특히 일본인의 집단 원리를 인도나 서구의 그것과 비교하여 칭찬하는 것은 아니다. 결론 부분에서는 자격에 의한 횡적 원리의 도입도 반대하지 않는다고 말하고 있다. 실제로 나카네는 이 논문의 서론에서, 그 성격을 설명하기 위해 다음과 같이 말하였다.

일본 사회, 혹은 문화를 논할 경우, 그간에 취해 온 방법은 대개 다음 두 가지로 요약된다. 첫째는 유럽을 주된 대상으로 한 연구(서구 학자에 의함)에서 얻어진 이론(방법론보다는 오히려 마무리된 이론) 모델을 사용하여, 일본의 여러 현상을 정리하여 설명하려는 것이다. 둘째는 일본에서만 볼 수 있다고 생각되는(대개 서구와 비교한 이야기인데) 여러 특징적인 현상들을 논함으로써 일본인, 일본 사회, 문화를 파악하려고 하는 것이다. 이 경우에는 첫번째 입장에서 부정적 관점을 갖는데, 서구라는 모델에는 부정적이지만 일단은 서구를 전제로 출발하고 있는 점으로 보면, 같은 선상의 양극에 서 있는 것이다.

이와 같이 말한 후 나카네는 이 두 가지 입장과는 다른 독자적 입장 "일본 사회의 구조를 가장 적절히 저울질할 수 있는 척도(기모노를 재는 데 쓰이는 '경척〈鯨尺〉')를 제출하는 일이다"라고 자신의 입장을 주장한다. 이 척도는 사회인류학에서 말하는 사회 구조이며, 사회 구조란 "개인과 개인, 개인과 집단 간의 관계를 기초로 하는 기본 원리이다. 이 기본 원리가 다양하게 나타나는 사회 관계를 분석하여 결과를 추출할 것을 목적으로 하고, 그것을 일본의 경우에 적용시켜 보려고 한다"라고 말하고 있다. 종적 사회는 이런 척도로 일본 사회를 재 본 결과 나온 기본 원리이다. 적어도 이 논문에서 나카네의 입장은 사회 구조를 추출하기 위한 시도를 한 것에 불과하며 긍정적인 평가를 일방적으로 내리진 않는다. 종적 사회가 일본인의 비판 정신의 결여를 초래하여 결과적으로 논리성이 부족하게 된 점을 확실하게 비판한다. 나카네는 논리성의 결여는 "일본인의 회화 속에서도 잘 표현되어 있다. 대체로 일본인의 회화는 스타일에서 변증법적 발전이 없다. 화자간의 인간 관계에 의하여 대개 처음부터 끝까지 형식이 정해져 버려, '훌륭한 말씀을 듣는' 식으로 일방통행이든지, 평행선을 따라가고 빙글빙글 돌아서 결국 처음으로 되돌아오는 경우가 많다. 이것은 인간 관계라는 것이 먼저 말한 바와 같이 종적으로 연결되어 서로 같은 반열에 서는 법이 없다는 것과 밀접한 관계가 있다고 생각된다"고 지적한다. 또한 '중이 싫으면 가사마저도 싫다'는 식의 감정과 논리가 분리되지 않는 일본 지식인의 비극을 가리켜 다음과 같은 결론을 내리고 있다.

중과 가사를 구별하는 것은 훈련에 의해서 가능하며, 일본인 중에도 대단히 적기는 하지만, 이를 정확하고 분명하게 구분할 수 있는 사람도 있으니까 이 점을 필히 노력하여 신장시켜야 한다.

일반 일본인이 중과 가사를 확실하게 분리하여 생각할 수 있게 되어 직종별 조합이라고 하는 것이 정말로 성립된다면, 그때야말로 사회 구조도 변하리라고 생각한다. 체질 개선은 크게 할 수 없어도 조금이라도 그러한 부분이 증가하면 그것보다 좋은 일은 없다고 생각한다.

그러나 이 나카네(中根)의 '종적 사회' 론은, 일본 사회의 특질을 나타내는 것으로서 일반 일본인에게 널리 환영받았다. 일본 근대화의 성공, 무엇보다도 기업의 '집단주의' 를 긍정적으로, 즉 '일본인의 피' 속에 내재한 본질적인 것으로 적극적으로 평가하려는 논리를 제시하였다고 인정된 것이다.

이 점은 후에 선전(宣傳)되는 '일본적 경영' 의 기초 이론으로 활용되었다(다만 '일본적 경영' 에 대한 서구적 논문은 이 글보다 전인 1962년에 오타카 구니오〈尾高邦雄〉가 발표하였다). 베네딕트가 '온(恩)' 과 '기리(義理)' 라는 관념적 틀로 설명했던 일본인의 집단 원리가 보다 현실적이고 실체론적인 단계에서 검증되고, 게다가 베네딕트 이후 라이샤워 등이 설명해 온 일본인의 '집단주의' 가 '부정적' 인 이미지를 갖고 있던 것에 반해 '일본 근대화에 공헌' 했다고 긍정적으로 자리 매김되고 있다. 확실히 앞에서 인용했던 것처럼, 그 논문의 결론 부분에서는 일본 사회를 지배하는 종적 성격에 대해서 비판을 가하고 있지만, 전체적인 나카네(中根) 논문에는 일본의 발전에 대해서 사회적(집단적) 열쇠를 '종적 사회' 적 특징으로 평가한다는 강한 '긍정적' 인 분위기가 나타나 있고 또 '사회 구조' 적 분석도 참신해서 우메사오의 '생태학' 분석과 비슷하게 기존에 없는 '개성적' 접근 방식이라는 매력을 보여 주고 있다.

'긍정적' 인 성격은 60년대의 기대를 나타내는 것으로

이는, 일반에게 무리없이 받아들여진 이유이기도 하다. 일본인이 자신의 '아이덴티티'를 확인하는 데 '일본적 사회구조의 발견'이 중요해졌고 이것은 기업에서 일하며 집단에 봉사하는 자신의 발견과 결부되어 있다고 할 수 있다. 그러나 실제로 나카네(中根)의 입장은 베네딕트의 입장과 상당히 비슷하다.

나카네(中根)의 논문이 나왔던 1964년은, 베네딕트가 지적했던 '일본 문화'의 또 다른 성격인 '수치(恥)의 문화'에 관해서 사쿠타 게이이치(作田啓一)가 쓴「재고(再考)」가 나온 시기이다.[30]

사쿠타는 베네딕트가 일본 사회는 외면적인 '수치(恥)의 문화'에 의해 일관되어 있다고 지적한 점에 대해서 반론은 많아도 "직관적으로 파악된 이 게슈탈트(Gestalt, 형태)는 민족적 개성을 우선 부각시켜 보여 주는 점에서 역시 대단히 유효하다고 생각한다"라고 한 다음에 자신이 베네딕트에게 동조할 수 없는 것은, 그것이 '수치(恥)의 문화'의 일면밖에 커버하지 못하기 때문이라고 서술한다.

사쿠타는 베네딕트가 지적한 '수치(恥)의 문화'에서는 "공개된 장소에서 조롱당하거나 거부되거나 하는 것, 혹은 웃음거리 취급을 받는 자기 자신을 상상하는 것에서 부끄러움을 느낀다"는 점을 중시해 공치(公恥)를 거론했던 것

---

30) 作田啓一,「恥の文化再考」,『思想の科學』, 1964년 5월호.

이다. 그러나 '수치(恥)'에는 좀더 기본적인 다른 면이 있다. "우리들이 수치를 느끼는 것은 타인에게 거절당했을 경우뿐만이 아니다. 거부되거나 수용되거나 간에 우리들은 타인에 의해 일종의 특별한 주시를 받게 되었을 때 수치를 느낀다. 공개된 장소에서 조소당한 데 대한 반응에 베네딕트는 너무 구애되었다. 그것은 수치의 한 예인, 공치(公恥 : public shame)에 의한 측면에 지나지 않는다."

"수치(恥)는 현실, 혹은 상상 속의 타인의 주시에 의해 경험한다. 그러나 모든 주시가 수치의 반응을 일으키는 것은 아니다. 우리들을 부끄럽게 하는 것은 일종의 특별한 주시이다."

이같이 진술하여, 사쿠타는 '공치(公恥)'에 대한 '수치(羞恥)'의 존재를 지적하고 자신과 타자 사이에 '지향의 엇갈림'이 생길 때 '수치'가 생기는 것이라고 말하고, 일본문화를 '수치(恥)의 문화'라고 한다면, '공치에 대한 두려움보다도' 일반적으로 모든 주시에 대해 경계적으로, "다른 사람들과 지향하는 바가 엇갈리지나 않을지 불안해 하는 것에 일본인의 특징이 있다고 하는 편이 오히려 적절한 것처럼 생각된다"라고 지적하고 있다.

그리고 야나기다 구니오(柳田國男, 1875~1962 : 민속학자)가 일본인은 어릴 때부터 부끄러워하는 경향이 있고 부끄러움에 관심이 커서 '눈싸움 놀이('합죽이가 됩시다'처럼 말을 안 하고 상대방을 쳐다보다가 한쪽이 눈을 깜박이면 지는 놀이)'라는 색다른 유희를 발명했던 것을 예로 들어 '수치'의 중요성을 지적했다.

　사쿠타는, "수치와 사치(私恥)를 포함한 수치(恥)의 문화가 일본 사회에서 하나의 기본적인 테마가 되어 왔다고 한다면, 그것은 이 사회의 특유한 구조상의 특질에 기초한다고 생각하지 않으면 안 된다"고 말한다. 그리고 막부 체제 이후 일본 사회에서는 "사회와 개인의 중간에 위치한 집단의 자립성이 약하다는 것이, 그 구조적 특질의 하나였고, 이것이 수치(恥)의 문화와 중요한 관계를 유지하고 있다"고 진술한다. 가족의 약한 고립성이나 일본 근대 문학의 모티브, 집단 소속성이 개인에게 충분한 안정감을 느끼지 못하게 하고, "집단의 자립성을 약하게 하는 식으로 사회의 유기적 구성이 진행되고, 게다가 선악 기준보다 우열 기준이 인간의 행동을 강하게 규제하는 사회야말로, 수치가 특히 발생하기 쉬운 기반이다"라고 하여 공업화가 진행된 대중 사회는 수치를 일으키기 쉽다고 역설적으로 지적하고 있다.

　사쿠타(作田)의 '수치의 문화' 분석은 막스 셸러(Max Scheler)의 지적, 곧 '특별한 시선의 주시'가 일본 사회의 특유한 구조(인간 관계와 사회 집단의 관계)를 명확하게 하는 '수치'를 발생시킨다는 지적을 기본으로 하여 '수치' 자체를 현대 대중 사회의 특성으로 보는 점에서 알 수 있듯이 '보편성'에도 충분히 주의를 기울이고 있다. 사쿠타가 '수치'에 특별히 주목하는 것은 '수치(恥)의 문화'의 긍정적인 성격을 주장하고 싶기 때문이다.

사쿠타에 의한 '수치'의 '긍정적인 면'은 다음과 같다. 목적 달성을 위해 강한 동기 부여를 행하는 면과 달성의 원리에 동반하여 경쟁을 억제하는 작용을 하는 면, 이 두 가지이다. 경쟁의 억제라는 측면에서 수치는 특히 중요한 역할을 담당한다. 경쟁 과정에서는 자기 현시가 노골적으로 보이는데 이것은 수치에 의해 한계지어진다. 이 한계에서 돌출되는 자기의 부분은, 본인에게뿐만 아니라 다른 사람에게도 수치의 대상이 된다.

이러한 수치의 공동체에는 개인의 창의나 자발성의 표현을 억누르려는 마이너스 효과가 있다. 그러나 동시에 어떤 일이 또 달성되기를 바라는 마음을 중심으로 집단적 에고이즘에 대결하려는 집단의 모습을 보여 준다는 점에서 큰 의미가 있다. 엘리트들의 과격한 몸짓 앞에서 침묵하고 있는 대중이야말로 우리에게 친숙한 이미지인 수치 공동체이다.

수치는 사람을 고독한 내면 생활로 끌어들이지만, 그것은 자기 주장을 스스로 옹호하는 무리보다 더욱 광범위한 연대를 가능케 하는 작용을 한다. 자기의 열등한 부분이 모든 면에서 투시되고 있는 인간, 집단이라는 껍데기가 전부 벗겨져 자기를 주장할 수 있는 근거를 잃은 인간, 그런 인간들의 연대는 집단의 울타리를 초월하는 연대이다. 이

연대는 생산력이 높아져서 경쟁의 가치가 낮아지고, 유기적인 구성이 계급 · 계층의 벽을 철저하게 파괴하는 데까지 진행될 미래 사회에는 결합의 중요한 형식이 될 수 있다.

이러한 주장을 '수치'의 역할에서 끌어낼 수 있는데, '부끄러움'이 '근대화의 직접적인 원인'이 된 것이라든가 '죄의 문화(서구 문화)'에 도전하게 된 것 등 '목적 달성'에 대한 강한 동기가 된다는 것도 지적하고 있으며, '공치(公恥)'와 '사치(私恥)'라는 양면성을 가지고 일본 사회의 발전과 이러한 연대가 균형을 맞추어 진전한다는 점을 강조한다.

나카네(中根)가 내세우는 '집단주의'의 특징인 '종적(從的) 성격'과 사쿠타(作田)가 '이면성(二面性)'을 강조하는 접근 방법은 다르지만, 둘 다 베네딕트가 주장한 바를 공유하여 그 전개를 꾀한다는 점, '긍정적인 부분'을 주장한다는 점, 게다가 외관상으로 보기에는 양자의 논점이, 크게 다르지 않다는 점에서 이 시기를 대표하는 일본 문화론이라 할 수 있다. 사쿠타의 논문이 다자이 오사무(太宰治)[31]의 작품에서 '수치'의 유력한 특징을 분석 · 추출한 것에서 알 수 있듯이 사회학적이라고 해도 어쩔 수 없이 '서구'

---

31) 다자이 오사무(太宰治, 1909~48 : 소설가). 일본의 독특한 소설 형식인 사소설의 대표적인 작가. 일본의 패전을 계기로 멸망의 노래만을 부를 것을 신조로 하였다. 특히 1948년에 발표한 『인간실격』은 자신을 냉철하게 관찰한 자전적 소설로 큰 반향을 일으켰다. 1948년 6월 『인간실격』에 나오는 대로 그 자신도 물에 뛰어들어 자살했다.

대 '일본'의 대조 도식 위에서 쓰어졌지만, 이는 오히려 두 가지 논문의 상호 보완성을 나타내는 것이리라. '인도' 대 '일본'이라는 나카네의 대조 도식은 사쿠타의 상식적인 대조 도식처럼 일반인의 이해를 얻지 못했다. 이 점은 일본 문화론의 가능성이 지닌 문제이면서 유감스러운 일임에 틀림없다. '종적 사회'론도 결국은 '서구' 대 '일본'의 구조화된 대조성 안에 빠져 버린 것이다.

그러나 사쿠타의 「수치의 문화 재고(文化再考)」역시 '간인주의(間人主義)[32], 세간체(世間體)[33], 동료 의식' 등 그

---

32) 구미 사회의 기본은 개인주의이지만 일본은 간인주의라고 주장하는 사람이 있다. 독립된 인격인 개인이 만드는 사회가 아니고 항상 사회 속에서 생활하는 한 사람이 사람과 사람 사이에 있는 것을 기본으로 한 사회라는 주장이다. 한 사람에게 의견을 물으면 "다른 사람들은 뭐라고 합니까"라고 되묻는 경우가 종종 있다. 혼네와 다테마에라는 말도 일본인 사이에서는 자주 사용된다. 혼네란 본음, 즉 참 소리, 참 마음이라는 뜻이고 다테마에란 외면적 방침을 말한다. 즉 혼네를 개인적 논리, 다테마에를 집단의 논리로 파악할 수 있다. 일본인은 외면적인 방침이나 집단의 논리인 다테마에를 우선하지만 그 안에 참 마음인 개인의 논리가 숨어 있다. 이렇게 항상 남을 의식하며 생활하고 있는 일본인의 생활 속에는 예스도 노도 아닌 중간적이며 애매한 말이 상당히 많다. '머지않아(そのうちに)', '언제 또다시(いずれまた)', '생각해 보겠습니다(考えてみます)', '검토해 보겠습니다(檢討してみます)' 등은 예스도 노도 아니다. 어느 때는 상사나 관계자의 양해를 미리 구해 놓는 '네마와시'를 위한 거짓 예스이거나 어떤 때는 확실히 거절하면 상대를 마음 상하게 하지나 않을까 하는 배려에서 나온 완곡한 표현(실제로는 노)이기도 하다.
33) 세상에 대한 체면.

후에 출현한 '일본 문화론'에 큰 영향을 주었다.

물론 사쿠타의 논문은 나카네의 논문처럼 화려한 각광은 받지 못했다. 다만 나카네가 '집단' 원리 속에서 인정한 것과 같이, '수치의 문화' 안에 일본인이 집단 결속성을 강화하려는 작용이 있음을 인정하고 개인의 내면에서 그 효과로서 '수줍음'이라는 느낌이 생기고, 그것이 '반권위주의'적인 성질을 갖는 경우가 있음을 지적하고 있다. 사쿠타는 '수치의 문화'를 초래하는 개인의 내면적인 '수줍음'에서 일본 사회의 조화적이고 평등한 사회 관계가 출현할 가능성을 찾아내고, 베네딕트가 말한 '수치의 문화'의 부정적인, 즉 이제까지의 '수용 방법'과는 다른, 적극적인 의미를 분명히 하려고 했다. 이미 언급한 두 사람의 접근이나 강조점이 다르다고는 하지만, 개인을 항상 집단 안에 위치시키고, 집단과 개인이 분리되는 기회가 없고, 속한 집단과 그 안에 있는 자기의 평가에 '아이덴티티'를 부여하는 '수치의 문화'에 대한 재평가는 나카네의 '집단주의'의 재평가와 축을 같이하여, 일본 문화의 긍정적인 특수성을 인식하는 길을 개척하였다. 더군다나 모두 베네딕트가 기본적인 틀을 제공한 것이다.

1964년에 발표된, 앞에 기술한 두 논문에 의해 '일본 문화론'은 새로운 단계로 접어들었다. 1965년에는 오타카 구니오(尾高邦雄)의 『일본적 경영』이 나왔다.[34]

---

34) 尾高邦雄, 『日本の經營』, 中央公論社, 1965 ; Abegglen, J., *The*

오타카는 이 책에서 1958년에 나온 미국의 문화인류학자이며 경영학자인 J. 아베글렌이 『일본적 경영』에서 지적한 '일본적 경영'의 특징에 대해 비판했다. 아베글렌은 일본적 경영의 특징인 '인사 노무 관행'에 대해 검토하고, '종신 고용', '됨됨이와 학력에 의한 직접 모집', '입사 전부터 정해진 사무직과 생산직의 구별', '연공 서열제', '집단적 의사 결정과 집단적 책임 체제', '종업원 복지의 온정적 배려' 등의 요소가 하나의 시스템으로 정리되어 있고 기업이나 공장 등의 조직체를 가족과 같은 자연발생적인 인간 관계에 빗대어 생각하려는 가치 이념이 기초를 이룬다고 지적한다. 게다가 이 가치 이념은 서양인이 본다면 '전근대적'이고 '봉건적'이라고 느낄 수 있겠지만, '비합리적'인 가치 이념에 의한 '일본적 경영'은 수입된 서양의 생산 기술과 결합되어 놀랄 만한 효과를 낳았다고 보았다.

　　오타카는 이러한 가치 이념(오타카의 표현을 빌자면 '집단주의')은 이미 에도 시대에 형성된 전통적인 것으로서, 서양의 척도로 '전근대적'이라든가 '봉건적'이라고 결정해서는 안 된다고 반론하여 일본적 경영을 옹호한다. 또한 '일본적 경영'의 전통적이고 현대적인 '긍정적인 면'을 '집단주의'를 옹호하는 입장에서 논의하고 있으며, 아베

　　Japanese Factory : Aspects of Its Social Organization, Glencoe, Free Press, 1958 ; Levine, S. B., *Industrial Relations in Postwar Japan*, University of Illinois Press, 1958.

글렌처럼 '봉건적' 사회 관계와 서양 생산 기술의 단순한 결합이라는 평가는 지나치다고 비판했다.

확실히 오타카의 경우 베네딕트적인 '집단주의'와 '수치의 문화'가 기업 집단의 보호 유지와 운영에 '효용'이 있다고 의식하고 있다. 그 점에서 '일본 문화론'에 포함될 수 있다. 그 후, '일본적 경영론'은 일본 문화론의 변형으로 다수 출판되었다. 70년대에 들어서면 몇 가지 획기적인 일본 문화론이 나타나, 사회적으로 큰 영향력을 미치게 된다. 획기적이라는 것은 고도 경제 성장기를 정점으로 점차 안정된 발전을 향유하게 된 일본 사회에 점점 풍부한 대국 의식이 생겨나고, 세계 선진 대국의 대열에 들어섰다는 자각이 분명히 인식되어 그러한 자기 인식을 배경으로 일본 문화론은 그 긍정적 성격을 한층 선명히 하고 있다는 의미에서이다.

베네딕트가 제기한 일본 문화론의 논점은 '집단주의'와 '수치의 문화', 두 가지로 집약된다고 서술했지만, 베네딕트는 본래 '국민성' 연구와 '문화와 인격' 연구를 대표하는 문화인류학자로서, 그 점에서 『국화와 칼』에는 심리 인류학의 테마가 보인다.

70년대에 들어 출현한 '일본 문화론' 중에는, 이러한 면에서 모티브를 계승 발전시킨 것이 나오는데, 그것들도 기본적으로는 앞에 기록한 두 가지의 논점과 깊이 결부되어 있는 문제이다. 오히려 그 파생적인 전개라고 불러야 할지도 모르지만, 명확히 접근 방법은 다르다. 일본에서 '심리학', '정신의학'에 대하여 관심이 높아지는 것에 호응하듯, 이러한 면에서 연구한 일본 문화론도 큰 관심을 부른 것이다. 그중에서 대표적인 것으로 도이 다케오(土居健郎, 1920~ : 정신과 의사)의 『'아마에'의 구조』(1971)와 기무라 빈의 『사람과 사람과의 관계』(1972)가 있다. 이 두 글은 사회론적 접근을 특징으로 하는 앞의 두 사람에 비해서, 정신 분석과 심리 분석에 의한 일본 문화론이라는 특징을 보인다.[35)]

　이 두 글은 베네딕트가 "일본인의 성장 과정" 분석에서 보여 준 "일본 문화와 퍼스널리티(personality)"의 일부분인 "아이는 배운다"의 '재고(再考)'이며 '재평가'라고 할 수 있다. 1971년에 나온, 정신의학자 도이 다케오의 『'아마에'의 구조』는 일대 센세이션을 일으켰다. 도이의 '아마에' 론은, 이미 50년대에 학술 잡지에 발표되었고, '긍정적 특수성의 인식'에 맞추어 논의된 것은 아니다. 베네딕트나 마가렛 미드 등의 '문화와 퍼서낼리티' 연구에 영향을 받았지만, '육아'와 문화의 관계 및 그것이 집단적 '인격'에 미치는 결정적인 영향을 강조한 입장은 프로이드 학설을 좇는 미국 문화인류학을 적용한 것으로, 30년대에서 50년

---

35) 土居健郎, 『甘えの構造』, 弘文堂, 1971 : 木村敏, 『人と人との間—精神病理學的日本論』, 弘文堂, 1972.

대에 걸쳐 전문가들 사이에 큰 관심을 모았다. 도이에 의한 일본인의 퍼스낼리티 연구도 이 입장을 따르고 있으며, '육아' 양식을 중시하는 관점에서 출발하고 있다.

그러나 '아마에' 론은 이 시기, 70년대 초 단행본으로 정리되자, 세상 사람들의 흥미를 끌며 갑자기 베스트 셀러가 되어 '아마에' 는 유행어가 되어 버렸다. 이것은 역시 이 시대 일본인의 의식과 그것에 부응하는 '일본 문화론' 의 성격을 보여 주는 것이라고 할 수 있다. 도이는 일본인의 '육아' 양식을 관찰하고 분석해서, 거기에서 독특한 사회화 과정을 보았다. 도이에 의하면, 일본인이 겪는 '사회화' 과정에서의 인간 관계를 분석해 볼 때 일단, 어린이는 모친에 의존하는 것이 핵심이고, 성인이 된 후에도 가정 안팎에서 모친 의존과 같은 식의 경제적인 안정을 계속 추구해 나간다고 한다. 사회 집단 안에서도, '모자' 관계의 인간 관계 모델은 강하게 작용하여, 언제까지나 '모친' 은 정신적 안정의 근원임과 동시에 양육의 근원이 된다. 사회 집단 내에서 상사와의 관계도 이것을 본따서 형성되고, 자신과의 상하 관계는 정서적인 안정-감정을 기르는 것이 된다.

도이의 '아마에' 론은, "일본인의 '심성' 과 '인간 관계' 의 기본에는 '아마에' 가 있고, 아마에는 '수동적 애정 희구' 이고 '의존성' 에 있는데 '아마에의 심성' 은 '유아적' 인 것이다. 그러나, '유아적' 이라는 것이 무가치하다는 뜻은 아니고 많은 문화적 가치의 원동력으로서 작용된 것으로 '의리'도 '인정'도 아마에에 깊이 뿌리내리고 있다"는 것이다. '아마에'는 어린아이의 모친에 대한 의존에서 발생하는 것이지만, 그것이 '일본 문화'의 기조를 구성한다는 것이다. 일본인 성격의 기본에 있는 '아마에'는 서양인의 '자립'과 대비되고, '아마에'는 "일본인의 심리로서 특이한 것"이라고 생각한다고 도이는 지적한다. 도이는 '아마에'의 심리를 비윤리적이고 폐쇄적이며 사적이라고 비판은 하지만, 동시에 "무차별 평등을 지향하여, 지극히 관용적이기조차 하다"고 평가한다. 그리고 일본인의 사회 관계나 집단에서는, 적극적이고 긍정적 의미를 갖는다고 기술한다.

　이러한 평가는 나카네나 사쿠타의 주장처럼, '일본 문화'의 성격에 내려졌던 부정적 평가의 '역전'을 의미한다. 또한 '아마에'라는 일본어 자체가 외국어, '서구어'에는 동의어가 없다고 주장함으로써, 그 특수성을 인정하게 되는 동시에 긍정적으로 인식하게 된다. '아마에'론은 그때까지 나온 '일본 문화론' 특히 앞에서 본 나카네의 '종적 사회'론이나 사쿠타의 '수치'론과 많은 공통점을 갖고 있다. 도이의 연구 자체는, 오랜 시간 동안 정신의학의 임상 경험에 기초를 두고 있는 것이지만, 베네딕트에서 시작된 '일본 문화론'의 계통을 계승하고 있다는 것을 알 수 있다.

나카네가 말하는 '종적 성격'은 '아마에'의 심리에 의해 주어지는 것이며, 사쿠타가 말한 '수치'도 "타인에 의존하고 싶다"는 '아마에'의 심리와 관계가 없는 것은 아니다. 도이도 서구 사회를 잘 아는 사람으로, '아마에'를 전면적으로 '긍정'하지 않고, 나카네가 행한 것처럼 일본인, 일본 사회의 '윤리성의 결여'나 '폐쇄성'이 '아마에'에서 생긴 것이라고 하면서 비판적 관점을 보이기는 하지만, 결국은 그 독자성을 서양인의 '자립'과 비교하여 '아마에'가 어린이의 성장에 필요하다는 것을 설명하고 그것의 적극적인 역할을 평가하고 있는 것이다. 일본인의 인간 관계에서, '아마에'는 윤활유 같은 역할을 하고, 성인들 사이에서도 정신생활의 건강을 유지하기 위해 필요하다고 보고 있다.

'아마에'의 '타인 의존성'은 근대 일본에서 정신적 결여라고 지적되었던 '자기'와 '개인'의 확립이라는 문제, 즉 '자아'의 문제에 대한 비판을 역으로 '긍정'하는 의미를 포함하고 있는데, 서구 근대 개인주의의 모델 입장에서 보면 전후의 '부정적 특수성의 확인'으로 보이고, 사카구치 안고나 기다 미노루나 구와바라 다케오의 이론과는 정면으로 대립한다.

'아마에'론은 '근대적 자아'의 결여를 문제시하는 일본인 비판론에 대해서, '아마에'에 의한 '타인 의존'적 '자신'을 적극적으로 옹호하고 있다. 이것은 '부정적 특수성의 인식'의 기간에 내놓은 많은 사회과학자의 견해를 부정하는 의미이기도 하다. 이 점은, 마찬가지로 정신의학자인 기무라 빈에 의해 일보 진척되었다.『사람과 사람과의 관계』는 '정신병리학적 일본론'이라는 부제가 붙어 있지만, 임상 경험에 기초를 둔 일본인의 '자기'에 대한 성질 해명을 시도하고 있다.

기무라는 일본인의 '자기'를 서양인의 '자기'와 대비시켜 고찰한다. 즉, 서양인이 말하는 '자기'란, "자신이, 언제 어떠한 상황에서도, 불변하는 한 사람으로서의 '자아'로서 존재한다"는 데에 특징이 있고, 이것은 데카르트의 명제와 결부된다. '나는 생각한다 고로 나는 존재한다'라는 유명한 말을 분석하여 'cogito'(나는 생각한다)를 일인칭 동사로 말한다는 점에 주의해야 한다. '나는 존재한다'의 근거로 분명히 요구되어야 할 cogito가 이미 '나는 생각한다'의 의미를 가지는 것으로 나의 존재를 전제로 하고 있다. 이 점에서 기무라는 서양인에게 '나'가 개입되지 않는 사고는 상상조차 할 수 없다고 말한다", "자기가 불변하는 자기 동일적이라는 것이 일체의 사고에 앞서 기정 사실로서 전제되어 있다"고 서양인의 '자기'를 이해한 다음, 일본인의 경우를 검토한다. 기무라에 의하면, 일본인이 '자기'를 의식하고 말하는 '지분(自分)'이라는 말에는 큰 의미가 담겨 있다. '지분'은 서양인의 경우와 달리 확실한 개인 주체의 '자아'가 아니고, 항시적으로 확립된 주체가 아니다. 일본인에게 '자기' 란 "자기 자신의 존립의 근거를 자기 자신의 내부에 갖고 있지 않다"고 기무라는 말하지만, 그것은 'Self' 와 '지분' 의 차이를 보면 확실하다. 기무라가 행한 서양인의 자아(Self)와 비교한 일본인의 지분에 대한 성격 분석은 도이의 '아마에' 와는 조금 다른 시점에서 일본인의 성격을 재평가한 것이다.

cogito를 핵으로 하는 개인주의가 확립되어 개인 대 집단의 대립에 의해 형성된 '자아' 를 가진 서양인과는 달리 일본인은 '자기 자신' 을 인식하고 있다고 기무라는 주장한다. 기무라는 다음과 같이 말한다. 자아가 아무리 다른 사람과의 인간 관계 속에서 길러지는 것이라 하더라도 결국은 자기 독자성, 자기의 실제 모습이고 게다가 그것이 자아라고 불리는 까닭은 그것이 항시적으로 동일성과 연속성을 계속 유지하는 점에 있다. 그 점에 비해서 일본어의 '지분' 은 본래 자기를 초월한 무엇인가에 대해서 그때마다 가지는 '자기의 몫' 이지 항시적 동일성을 가진 실질성이나 속성은 아니다. 기무라에 의하면, 일본어 '지분' 은 자기 자신의 외부에서 구체적으로는 자신과 상대와의 사이에서 그때마다 발견되고 '몫' 으로서 그때마다 획득되는 현실성이고, 바꾸어 말하면 일본인의 지분은 서양인의 자아와 달리 자신과 타인이 공유하는 일상생활의 과정 안에서 그때그때 상황에 따라 그 공유 관계에 스스로 배분하는 부분이고, 그 부분은 독립해서는 존재할 수 없다. 항상 타인과의 공유 관계 속에 '지분'이 있고 '타인'과 '지분'은 연결되어 같은 관계를 공유하는 것이다. '사람과 사람과의 관계'가 항상 사회생활에서 큰 문제가 된다. 여기서 앞에서 인용한 "자기는 자기 자신의 존재 근거를 자기 자신의 내부에서 찾지 않는다"는 주장이 나오는 것이다. 확실히 다음과 같은 설명이 '사람과 사람과의 관계'에는 당연시된다. 일본적인 관점, 사고 방식에서는, 자신이 누구인가, 상대가 누구인가는 자신과 상대 사이의 인간적 관계에서 결정된다. 개인이 개인으로서 자기 동일시(Identify)되기 전에 먼저 인간 관계가 있다. 이것이 사람과 사람과의 관계라고 말하는 것이다. 또, 일본에서는 내가 누구이고 네가 누구인가는 결코 그것 자체로 결정되는 것이 아니고, 그때마다 나와 너의 사이, 즉 사람과 사람과의 관계 설정에 따라서 그때마다 개선되고 다시 규정된다. 자아와 지분과의 결정적인 차이는 여기에 있다고 기무라는 주장한다. 기무라의 주장에서 확실히 제시된 것은 '근대화'의 절대적 전제로서의 '서구'적 개인주의의 우위는 별로 평가되지 않고 일본인의 지분에 대한 적극적 평가이다.

여기에서 상정된 것은 약 20년 전인 1953년에 심리학자 미나미 히로시(南博, 1914~2001 : 철학자, 히토쓰바시대학 명예 교수)가 제출했던 『일본인의 심리』에서 다룬 내용으로, "일본인의 자아는 권위에 침범당하지 않는 개인의 존엄이라는 자주적인 입장에서가 아니라, 개인의 이익이라는 이기적인 입장에서 주장되는 것이 보통이다"라는 부정적 입장의 주장이다.[36] 물론 미나미의 논점과 기무라나 도이의 주장은, 서로의 입장도 문제삼은 개별적 사례도 분석 대상도 다른 면이 있지만 미나미에게 일본인의 '자아'는 근대적인 자아와는 다른 것이고 서양에서 근대에 발달한 자아 이전의 성격을 나타내는 것이다.

미나미는 "일본인의 인간 관계에서 근대화되지 않은 요소는 무엇인가 하면, 대략적으로 말해 결국 인간과 인간이 근대 이전의 '기리(義理)'라고 말하는 사회적인 결속으로 맺어져 있는 것이다"라고 말하고 있다. 여기에는 지금까지 다루어진 '일본 문화론'의 중심 주제에 대한 미나미의 견해가 잘 제시되어 있지만 미나미의 저서가 등장한 '부정적 특수성의 인식'의 시기에 압도적으로 받아들여진 일본인의 자아와 인간 관계 특성에 대한 설명은 20년 후에 다시 역전된다. 1964년부터 '긍정적 특수성의 인식'이 일본 문화론의 표면에 등장한다고 시기 구분을 했지만, 신칸센(新幹線 : 도시간 고속 간선 철도, 최고 시속 240km)이 개통되고 도쿄 올림픽을 개최했던 것이 이 해이고 이 시기부터 일본 국내도 사토 정권이 수립되어 정치적 대립보다 보수적 안정으로 방향이 정해졌다.

1968년부터 '프라하의 봄'이 소비에트 군에 의해 파괴

---

36) 南博, 『日本人の心理』, 岩波書店, 1953.

되고 프랑스에서 시작된 대학 분쟁은 일본에서도 격렬하게 전개되었지만 일반 사회에까지 미치지는 않았다. 그러한 상황 하에서 1968년에는 작가 미시마 유키오(三島由紀夫)[37]의 '문화 방위론'이 나온다.[38]

떠들썩한 논의를 부른 이 논문에서 미시마는 당시 일본을 뒤덮은 '문화주의'를 비판했다. 미시마가 말한 문화주의는 "문화를 피투성이인 모태의 생명이나 생식 행위에서 분리하여 환영할 만한 인간주의적 성과로 비판하려는 한 경향이다. 거기에서는 문화라는 것은 어딘가 무해하고 아름다운 인류의 공유 재산이고 광장의 분수 같은 것이다"는 것이다. 그러나 그것은 전후 일본이 미국의 점령 정책과 문화 관료의 무사 안일한 '수리 정책'에 의해 국화와 칼의 연결 고리를 끊고 "문화를 낳는 생명의 원천과 연속성을 여러 가지 법률이나 정책으로 댐에 억지로 밀어 넣고 이것을 발전이나 관개에만 유효한 것으로 하여 그 범람을 막는 것이었다. 그것은 시민 도덕 형식의 유효한 부분만을 활용하고 유해한 부분을 억압하는 것이었다"라고 미시마

---

37) 미시마 유키오(三島由紀夫, 1925～1970) : 소설가, 극작가. 문화 이외에도 보디빌딩이나 검도를 하고 영화에도 출연하였는데, 자위대에 체험 입대함으로써 화제를 뿌리기도 하였다. 1968년 자위대원들과 '방패의 회'를 결성하고 1970년 자위대원들과 자위대 통감부에 들어가 천황을 위한 자위대로 자위대가 결기할 것을 촉구하였으나 뜻을 이루지 못하고 할복 자살하였다.

38) 三島由紀夫, 「文化防衛論」, 『中央公論』, 1968년 6월호.

는 말하고, "복지 가치와 문화를 단락(본질을 무시하고 사물을 간단히 연결)하는 사고는, 대중의 휴머니즘에 기초를 둔, 겉치레적인 문화 존중주의가 되었다"고 비판한다. 전후 민주주의 사회와 대학 사회 안에서, 문화는 박물관적인 죽은 문화와 천하태평인 죽은 생활 두 가지뿐이 되었고, 게다가 그 두 가지는 완전히 화합하고 있다고 말한다. 아시아에서는 민주 국가인지 사회 국가인지에 상관없이 문화를 사물로 보아 문화재, 또는 문화적 유산으로서 존중한다고 비판하며 사회당이 발표하였던 문화 정책에도 그것은 여실히 반영된다고 주장한다. 문화를 헛간으로 파악하려는 정부와 야당과 대중의 문화주의에 대해서 미시마(三島)가 전개한 비판은, 일본에서 문화란 하나의 형태이고, 국민정신이 투영되는 일종의 투명한 결정체이며, 예술 작품일 뿐만 아니라 행동 및 행동 양식을 포함한다는 사고에서 출발한다.

미시마에 의하면, 일본에서는 사물로 보는 문화에 대한 고집이 비교적 희박하고, 문화 형식이 소실(消失)을 본질로 하는 행동 양식으로 이관(移管)하는 것이 특색이다. 일본 문화에서는 본래 원본(original)과 복사본(copy) 사이에 결정적인 가치의 낙차가 생기지 않는다. 이러한 소실을 취지로 하는 문화 개념은, 천황의 존재에서 보인다. 각 대의 천황이 바로 천황 그 자체로 존재하며 아마테라스 오미카미(天照大神 : 황실의 시조신, 태양의 신으로 추앙되어 이세 신궁에

모셔져 있음. 황실과 국민 숭앙의 중심적 존재이다)와 원본과 복사본의 관계가 아니라는 점이 천황제의 특질에 합당하다고 미시마는 말한다.

미시마는 전후 체제가 보여 주는 겉보기만인 문화주의에 숨어 있는 기만을 규탄하고 문화의 전체성 회복을 주장하지만, 그 전체성에는 시간적 연속성과 공간적 연속성이 포함되어, 전자는 전통과 미와 취미를 보증하고 후자는 생의 다양성을 보장한다. 양자가 합일되는 곳에서 성립하는 것이 '문화 공동체 이념'이다. 이 이념만이 이데올로기에 대항할 수 있고, 문화 공동체 이념에는 절대적 윤리적인 가치와 문화의 무차별적 포괄성을 가질 것이 요구된다. 그래서 미시마는 천황제를 '문화 개념'으로서 제출한 것이다.

미시마의 문화 방위론은 일반적으로 허망한 전후 민주주의와 같은 형태로 말하는 것에 대해 이러한 문화 개념을 대입함으로써 특히 관료와 이데올로기가 지배하는 문화주의의 근본적 비판을 시험한 시국론이라고 할 수 있을 것이다. 문화 공동체로서의 천황제가 입체적 구조를 가진 자유와 우아함의 원천이라는 점에서 문화의 전체성을 나타낸다고 미시마는 강하게 주장한다. 반대로 자유와 책임이라는 평면적인 대립 개념 속에 그것이 존재하지 않는다고 해서, 근대주의나 마르크스주의를 비판하는 것이다.

60년대에 들어 이데올로기에서 현실주의로의 사상적 전환과 사회 변화가 고도 경제 성장을 하는 과정에서 필연적으로 드러나지만 미시마는 이렇게 비대해 가는 일본 문화의 변화를 본질적으로 간파하고 있다. 그러나 이 논리의 귀결로서 천황제를 문화 개념으로 파악한 점에는 논문 전반의 날카로움과 후반의 흐트러짐이 보여 주듯이 일종의 모순이 보인다.

미시마의 논의가 60년대 말에서 70년대에 걸쳐서 '긍정적 특수성의 인식'이 깊어가는 모습을 한층 선명하게 제시했다고 지금의 시점에서는 자리 매김할 수 있을 것이다. 극단적으로 미학적인, 또는 일본 문화의 형태를 추구하는 구심적인 특수성을 강조하는 미시마의 주장에는 날카로운 좌익과 우익의 겉치레 중시의 비판과 물질주의의 비판, 이론을 구성하는 데도 현상에 대한 격렬한 규탄이 포함되어 있지만, 이같은 논점도 가세하여 일본 문화론의 대세는 긍정적 특수성의 인식을 확실하게 주장하게 된 것이다. 주의할 것은 미시마의 논의에는 강한 반(反)상대주의적 성격이 보인다는 점이다. 천황제를 일본 문화의 근본으로 우러러보는 절대주의의 주장이 여기에는 있다. 언론의 자유가 본질적으로 문화의 전체성 안에서 시간적 연속성과는 관계가 없기 때문이라면서, 언론의 자유와 대의제 민주주의를 절충하는 것을 부정하는 지점에 '문화 방위론'이 강조하는 논점이 확실히 제시되어 있다.

1970년대에 들어가면 일본 문화의 긍정적 특수성을 인정하는 일본 문화론은 한층 더 긍정적이 되어간다. 이 당시에는 일본 경제의 고도 성장이 이미 세계에서 두각을 나타내었고 게다가 오일 쇼크(oil shock)와 환경 위기에서 벗어나 일본의 지위를 확고하게 다졌다.

구몬 슌페이(公文俊平)가 지적하듯이 70년대의 일본 연구는, 서구 근대 사회를 거점으로 하는 그 이전의 연구를 넘어 근대화＝서구화라는 시점을 벗어난 바로 그 지점에서 새로운 영역의 개척을 시도하게 되었다.[39] 고도 성장에 의한 경제 대국으로서, 세계 속에서 지위가 향상되어 번영의 시대를 맞이했던 시기의 일본에서는 한층 강하게 '일본인이란 무엇인가, 그 가능성은?' 이라는 정체성을 묻는

---

[39] 公文俊平, 「解說」, 濱口惠俊, 『'日本らしさ'の再發見』, 講談社學術文庫, 1988. 예를 들면 다음과 같은 내외의 일본론이다. 1971년에는 하먼 칸의 『超大國日本の挑戰』, 坂本二郎・風間禎三郎 譯, 다이아몬드사가 있다. 일본에는 외부로부터의 자리 매김과 함께, 제각기의 뉘앙스는 다르다고 해도 일본 문화(일본인)의 특징을 묻는 일련의 서적들이 나타난다. 그 대표적인 책이 벤더슨, 『日本人とユタヤ人』, 山本新書, 1971 ; 司馬遼太郎, 『日本人を考える』(對談集), 文藝春秋社, 1971 ; 上山春平, 『日本の思想—土着と歐化の系譜』, 사이마르 出版會, 1971 ; 佐藤忠夫, 『裸の日本人—官びいきの民族心理』, 評論社, 1971 ; 프란시스 슈, 『比較文明社會論—クラン・カスト・クラブ・家元』, 作田啓一・濱口惠俊 譯, 培風館, 1971 ; 神島二郎, 『文明の考現學—原日本を求めて』, 東京大學出版會, 1971 ; 鶴見和子, 『好奇心と日本人』, 講談社現代新書, 1972 ; 多田道太郎, 『しぐさの日本文化』, 筑摩書房, 1972 ; 宮城音彌, 『日本人とは何か』, 朝日新聞社, 1972 ; 會田雄次, 『日本人の意識構造—風土・歷史・社會』, 講談社, 1972 ; 이 외에도 수많은 일본 문화론이 70년대에 들어와서 일제히 나돌게 된다.

시도가 행해지게 되었다. 근대화-민주화의 선진 모델로서의 구미에 대해서 일본의 독자성을 추구하려는 경향은 구몬이 말했던 것처럼, 한층 강화되었다. 그와 함께 1955년경까지 성행했던 마르크스주의적인 발전 단계론적 견해도, '1956년의 헝가리 사건' [40] 등을 계기로 한 구조 개혁론의 출현, 소비에트 사회주의에 대한 환멸감과 마르크스주의 이론의 다원화, 사회주의의 건설 과정에서 상대주의의 출현 등에 의해 점차로 설득력을 잃고 적어도 일본의 현재를 설명하는 이론으로서는 매력을 갖지 못하게 되었다. 마르크스주의적 입장에서는 문화를 잘 설명할 수 없었고, 번영하는 전근대적 일본 사회의 자리 매김도 곤란했다. 마르크스주의적 발전 단계설도 경제인류학적인 비판에 의해 빛이 바래고, 근대화론도 베트남 전쟁에서의 미국의 패배 이래 벽에 부딪혀 버리게 된다. 적어도 일본의 발전이라는 사실을 앞에 두고 그러한 기존의 이론은 희미해져 버린 것처럼 보였다.

70년대 후반에 나타난 새로운 일본 문화론에는 이제까

---

40) 1956년 헝가리에서 일어난 반스탈리니즘 사건. 2월에 스탈린 비판을 계기로 헝가리에서는 라코시 독재에 대한 불만이 높아지고 10월 23일 부다페스트에서 반정부 데모가 발발하여 근로자당의 요청으로 소련군이 개입하였는데 반정부파에 추거되어 수상이 된 나지가 바르샤바조약기구에서 탈퇴하고 복수정당제의 부활 등을 발표하였다. 그 때문에 소련군이 다시 군사 개입하여 나지를 추방하고 카달을 수반으로 하는 정권을 세워 사태를 수습하였다.

지 보였던 서구=근대 모델에 대한 의구심이 언뜻 보기에
눈에 뜨이지 않게 된다.[41]

　1977년에 나온 하마구치 에슌(濱口惠俊)의『'일본다움'
의 재발견』에서는 베네딕트가 제출한 '가족적 구성'도 검
토되고 있다.[42] 하마구치는 이 책에서 종래의 여러 방법으
로 접근했던 일본인과 그 행동 양식에 대해 '수치의 문화'
에서 '종적 사회'에 이르는 일본 고유의 것에 대한 관념
중 어느것도, 일본다움에 대해 연구할 때 마땅히 의거해야
할 행동과학적 공적 기준을 설정하지 않았다고 비판한다.
행동과학적 공적 기준이란, 하마구치에 의하면 일본인의
사회적 행동을 좀더 기초적인 곳에서 뒷받침하는 일반적
행동 원리로서의 공적 기준이며, 그때까지의 연구에서는
그것이 확정되지 않았다는 것이다.

　하마구치가 말하는 '공적 기준'의 '미확정'이란 의미

---

41) 서구=근대라는 모델에 집착하지 않게 된다기보다는, 보다 일본 문화
　　에의 적극적인 평가가 중심이 되었다고 하는 편이 옳다. 여러 저서들
　　이 나오는데, 그중 몇 가지를 예를 들면 다음과 같다. 外山滋比古,『日
　　本語の論理』, 中央公論社, 1973 ; 鈴木孝夫,『閉された言語・日本語
　　の世界』, 新潮社, 1975 ; 津田眞徵,『集團主義經營の構想』, 産業勞動
　　調查所, 1973 ; 林雄二郎,『日本型成熟社會—われら何處へ行くべき
　　か』, 中央經濟社, 1975 ; 大塚久雄・川島武宜・土居健郎,『甘えと社
　　會科學』, 弘文堂, 1976 ; 梅原猛,『美と宗敎の發見—創造的日本文化
　　論』, 講談社, 1976 ; 河合準雄,『母性社會日本の病理』, 中央公論社,
　　1976 ; 加藤秀俊,『日常性の社會學』, 文化出版局, 1975 등.
42) 濱口惠俊,『'日本らしさ'の再發見』, 講談社學術文庫, 1988.

는, 그전에 '일본다움'으로 파악되었던 '특징'이 '구미' 모델을 기준으로 그것에 대비되는 소극적인 성질을 나타내는 데 불과하다는 것이다. 따라서 일본의 독자적인 '자율성'이 행동 양식으로 나타난다는 것을 '구미' 모델과 대비하는 형식과는 다르게 제출할 필요가 있다는 것이다. 이것을 적극적인 태도라고 해도 좋지만, 실제로 이 논문에서 일본 모델을 제출하기 위해 구미 모델을 참조하지 않은 것은 아니다. 오히려 그 대비를 강하게 의식하는 것에서 시작된다. 그러므로 여기에서는 불필요한 '자기 주장'이 나타나곤 한다.

하마구치는 다음과 같이 말한다. '일본인'은 개인적으로는 자기 주장이 없다는 소리를 듣는다. 그러므로 일본인은 근대적 자아를 가지지 않는 약한 개인이라고 평가된다. 하지만 이 평가도 서양인의 입장에서 본 시각으로 표면적인 관찰에 머물고 있다.

각자의 개별적 자율성이 중요시되는 사회와는 달리 연대적 자율성이 우위인 사회에서는, 각 개인의 자기 표출은 그 사람이 속하는 상위 시스템(집, 지역 사회 또는 조직체)과의 관계에서 양호한 항상성(homeostasis)을 지키기 위해서는 전략적으로 한정될 수밖에 없다. 더욱이 "일본인은 원천적으로 자기 주장이 결여되어 있는 것도 아니고, 따라서 자신의 아이덴티티가 확립되어 있지 않은 것도 아니다. 단지 그 자아의 표출이 서양인처럼 드러나지 않고 사회적으로 고도로 세련된 형태를 취하는 데 불과하다. 이렇게 생각하면 전통적으로 연대적 자율성을 나타내는 일본인이 굳이 서양적인 개인주의를 이상으로 하지 않아도 근대적인 생활을 영유하는 데 아무런 장애가 없다. 오히려 시스템적 연관성이 더욱더 높아지는 앞으로의 사회에서 기능적으로 보다 우수한 생활을 영유할 가능성이 부여된다고 할 수 있을 것이다."

하마구치는 일본인의 '독자성'을 말하면서도, 참조 기준은 서양인인 데다 더욱이 '서양인'이라고 일괄적으로 취급하고 있어서 '실체'에는 접근하지 못한다. 일본 사회의 경제적 발전, 그에 따라 '구미'와 어깨를 나란히 하는 '대국'의 위치를 어떻게 설정할 것인가 하는 생각이 끊임없이 이 시기의 '일본 문화론'을 지배하고 있다. 그래서 하마구치는 이러한 시점에서, '가족적인 구성'에 대해서도 그 원리인 '집(이에)'과 거기에서 유래하는 '이에모토'에서 적극적인 의미를 찾으며, '집단주의'도 "근대화의 일반 형태인 집단주의의 원리에 따른 특성을 가진 것으로 충분하다"고 일본의 '앞으로의 자세'에 대해 주장한다. '간인주의(間人主義)'는 '개인주의'의 '자기 중심주의', '자기 의거주의', '대인 관계'라는 특징에 대해, '상호 의존주의', '상호 신뢰주의', '대인 관계의 본질'이라는 특징이 있다. 이것은 결코 '개인주의'의 음화(陰畫)로서의 대립 개념이 아니라 그 자체가 자율적인 인간임을 말한다.

'간인주의'야말로 일본인의 행동 양식의 공적 기준이라고 할 만하다. 여기에 베네딕트가 '집단주의'와 '수치의 문화'로 분석한 일본인의 행동 규범의 특징이 '일본다움'을 보다 잘 나타내는 것이다.

베네딕트나 라이샤워처럼 '외부'로부터의 '틀 만들기'가 아니라 '내부'에서 자율적, 자발적, 그리고 적극적으로 '일본다움'을 높이 평가하는 것이다. 이미 '구미 모델'을 전통적인 규범으로 잡지 말아야 한다는 지적이 있어 왔기 때문인지 일본 '근대화'의 성공은 '일본 모델'에 맞추어 행해졌다는 강한 의식이 보인다.

그러나 이 '간인주의'에 관해서도 가미시마 지로(神島二郎)가 지적한 것처럼, 이미 독일의 철학자 컬 레비트가 '간인(間人)으로서의 개인'(1928)을 말하였고 와쓰지 데쓰로(和辻哲郎)가 관계의 중요성에 대해 기술하고 있다.[43]

하마구치의 주장은 와쓰지의 관계설을 가지고 한층 더 일본인의 표준적 행동과 연계시켜 전개한 것인데, 베네딕트의 '수치의 문화'도 아시아 사람들 사이에서 보이는 특징으로 일본을 포함한 동양 '문화'의 특성인 것처럼, 하마구치의 '간인주의'도 본래 일본인 특유의 특징이 아닌,

---

43) 神島二郎, 『日本人の發想』, 講談社現代新書, 1975. 가미시마 자신은 레비트나 와쓰지가 말하는 사람 사이의 상호 관계(間柄)에 대해 인간 존재에 대한 날카로운 통찰이라고 평하면서도, "그러나 인간 존재는 '상호 관계(間柄)'라는 객관적 위치에 서 있는 것이 아니라 서로 마주한다는 의미의 교신적(交信的) 주체로서 서 있는 것이다"라고 주장한다.

'동양인'에게서 보이는 특징인 것이다. 그러나 하마구치의 설에서는 '동양인' 일반과 '일본인'이 구별되어 있지 않고 어느새 '동양인'이 '일본인'이 되어 버린다.

그리고 '서양인'이 항상 대극(對極)에 있는 존재가 된다. 이 '대극성'을 두는 것과 별개로 일본의 '독자성'을 독립시켜 말할 필요성을 이야기하면서도, 이 시기에도 결국은, 서구 모델을 전통적인 규범으로 여기는 데서 탈피할 수 없다는, 더욱이 실체가 없는 서양과의 대비를 이용하는 지금까지 일관되게 나타난 '일본 문화론'의 판에 박은 듯한 특징이 나타난다.

하마구치가 『일본다움의 재발견』을 다룬 것은 하마구치 자신이 여태까지의 '일본 문화론'을 검토하고 인용하며 자신의 연구에 맞춰 일본 문화를 논의하고 있다는 것뿐만 아니라, 수많은 일본 문화의 긍정적 특수성을 주장하기 위해 이 시기에 나타난 이론 중에서 각각의 주제를 다루는 방법·분석에서 다른 부분은 있으나 적어도 일본다움과 간인주의(間人主義)라는 말을 사용하는 방법과 개념을 제시하였다. 그러므로 자신의 저작이 이 시기를 대표하는 문화론의 전형이라고 생각하였다.

70년대는 지금까지 봐 온 몇 가지 일본 문화론의 주장이 일종의 유행어나 대중 소비재로서 일본 각처를 휩쓸던 일본 문화론의 시대였다.[44]

---

44) 관련 저서로, 米山俊直, 『日本人の仲間意識』, 講談社現代新書, 1976 ;

종적 사회, 아마에, 간인주의 같은 말이 그대로 거리에 범람할 정도로 매스컴이 떠들어댔다. 이러한 말이 풍요로운 사회를 표징하는 듯 일본인과, 일본 문화론의 독자성과 탁월함을 나타내는 단어로 사용되고 외부로부터 경제 동물, 일벌 등으로 불리고 있던 일본인의 마음을 위로해 주었다. 또한 해외에 진출한 비즈니스맨의 마음의 지주가 되고 내국에서 쉴 새 없이 일하는 인간의 자기 인식이 되어 경제 대국에 살고 있는 사람들을 고무시켰다.

일본인만큼 외국인의 평판에 귀를 기울이는 사람은 없다. 또 공항에 도착한 지 얼마 되지 않은 외국 손님에게 "일본의 인상은?"이라고 귀찮게 심문하는 매스컴의 취재가 이어지기도 하고, "일본인은 무엇인가" 하는 질문은 외부적으로 더욱더 두드러지게 되었다. 국제 사회에서 일본의 지위가 점점 높아질수록 이 질문에 회귀하는 마음의 진폭도 커지게 된다.

70년대 말이 되자 지금까지의 일본 문화론을 총괄하려는 논의가 내적, 외적으로 출현하기 시작한다. 1979년에

井上忠司, 『「世間體」の構造—社會心理學への試み』, 日本放送出版協會 NHK북, 1977 ; グレゴリ クラーク, 『日本人—ユニックさの源泉』, サイマル 出版會, 1977 ; 中山茂, 『日本人の科學觀』, 創元社, 1977. 또한 角田忠信, 『日本人の腦—腦の働らきと東西の文化』, 大修館書店, 1978도 일본 문화론이라고 생각된다. 이러한 일본 문화론도 지금까지 거론한 바와 마찬가지로 대중 소비재의 재료를 제공했다는 것은 주지의 사실이다.

출판된 다음 2권의 책은 주목할 만하다. 하나는 무라카미 다이료(村上泰亮), 구몬 슌페이(公文俊平), 사토 세이자부로(佐藤誠三郎)의 공동 연구 『문명으로서의 이에(家) 사회』이고 또 하나는 에즈라 보겔의 *Japan as No.1*이다.[45]

『문명으로서의 이에 사회』는 일본 근대화의 특성 해명을 목적으로 한 공동 연구이지만, 현대 일본 사회의 달성 시점에서 본 근대 사회론이며, 근대에 대한 상당히 큰 규모의 사회과학적이고 종합적인 파악의 시도이고 일본인과 그 문화 사회에 대한 보편적인 접근으로 이전에는 없던 치밀하고 탄력성이 풍부한 연구이다. 이 획기적인 연구에 대해 여기서 그 전체를 서술할 수는 없지만 이 책도 근본적으로 베네딕트에 의해 제출된 일본인의 집단주의와 수

---

45) 村上泰亮 · 公文俊平 · 佐藤誠三郎, 『文明としてのイエ社會』, 中央公論社, 1979 ; Vogel, E., *Japan as No.1*, Harvard University Press, 1979. 보겔 교수의 이 책에 대해 약간의 추억이 있다. 1979년 9월 어느 날 하버드대학에서 교수가 당시 이 대학의 연구원으로 체재하고 있던 일본인 연구자를 열 사람 정도 불러 모아 아직 초고 단계에 있던 책의 내용에 대하여 설명하고 코멘트를 구하였다. 필자도 여기에 출석하였는데 실제로 체재하여 나날이 경험하는 미국의 현실과 자신이 잘 알고 있는 일본의 현실, 그리고 보겔 교수가 보는 일본의 현실을 비교해 보고 너무나도 일본을 이상화하고 있다고 느꼈다. 다른 동석자도 대체로 비슷한 느낌이었다. 그러나 이 책은 일본인들이 좋아할 만한 책이 될 것이라고 동료들과 이야기하였다. 사실 미국에서의 반향은 적었고, 일본에서는 대베스트 셀러가 되었다. 미국인들에게 교훈을 주는 미국인들을 위한 책임에도 불구하고 미국에서의 반응이 좋지 않았던 것은 저자의 의도와는 반대되는 것이었다.

치의 문화가 연구상 커다란 모티브가 되고 있다.

저자들은 이 책에서 개인주의와 이것과 대비된 개념으로서 집단주의 문제를 첫번째 테마로 한다. 단지 '개인주의 대 집단주의'라는 개념 설정 자체가 만족할 만한 것이기 때문이 아니라 사실은 이 두 개념의 대비가 이전에 구미형 근대화에 사로잡혔던 사고 방식의 표현이기 때문이라고 밝힌다. 그리고 집단주의라는 단어에 대해서도 그들은 오히려 '간병주의'(間柄主義 : 사람 사이의 관계에 중점을 두는 입장)라는 표현을 사용하고 싶다고 말한다. 이것은 기무라 빈이나 하마구치가 말하는 간인주의와 조응하는 것이다. 저자들이 검토한 것은 일본이라는 특정 사례를 통해서 확실히 근대화, 산업화가 시동하는 데 개인주의적인 구미의 문화가 결정적인 역할을 하였고 최근 수백 년 동안 인류사의 주요한 발전의 모티브가 되었다는 것이다. 그러나 다음 선진 단계가 지금까지의 것과는 다른 계통에서 시작된다고 하면 향후 뻗어나갈 발전의 가지(枝)들의 가능성을 탐색함에 있어서 구미형의 개인주의적 문화에 사로잡히는 일이 없이 여러 가지 다른 가능성도 고려하지 않으면 안 된다고 말한다.

근대화 그리고 산업화를 재검토함에 있어서 저자들은 인류사의 시점, 산업 사회의 시점, 근대화 일본의 시점이라는 세 가지의 측면에서 추구하고 있지만, 일본 문화론의 문맥에 근거해서 말하자면 근대화 일본을 어떻게 받아들이는지가 문제가 된다. 근대화란 산업 사회 형성 과정을 가리킨다고 저자들은 말하고 산업화에 불가분한 사회 시스템으로서, 1. 고도의 분배 시스템, 2. 정치적 통일과 근대적 관료제, 3. 교육과 학술의 제도화, 4. 기업체, 5. 직장과 가정의 분리를 들고,

산업화에 필요한 가치관으로, 수단적 능동주의, 개인주의의 가치관은 일반적으로 불가결하지 않고 어떤 종류의 집단주의는 개인주의보다도 오히려 적합하다고 한다.

이러한 산업화의 귀결로서, 개별화·국민 국가화·즉자화가 일어난다.

이와 같은 근대화-산업화를 일본이 달성할 수 있었던 것은 이에형 조직 원칙이 일본 사회에서 유연하게 적응했다는 점도 있고 특히 기업체 등의 중간 집단에서 근대화를 달성하기 위하여 그 원칙이 유효하게 움직인 것이 커다란 원인이었다는 것이 전체를 일관하는 주요한 논점이다.

이 공동 연구에서는 근대화-산업화의 사회과학적인 특징을 저자들의 입장에서 정리하고 그것을 객관적 공적 기준을 바탕으로 인류사의 전개를 좇아 비교 사회론적인 검토를 역사상의 각 문명 사회에서 행하고 있다. 산업 사회의 실현 과정에 대한 분석을 구미 사회의 예에서 보고 나서, 율령제의 소멸과 함께 모습을 감추었다가 11세기 아즈마노 구니(東國)에서 다시 발생한 이에 사회를 일본 사회의 특정 사례로 들고 이것이 일본 사회의 중핵이 되어 전

개된다. 일본 사회는 서력 이전에 시작된 중국의 고도 농경 문화에서 보호 발전된 사회 시스템이고, 그것이 일본으로 유입·수용되었다고 본다. 이에 사회를 일본형 변경 농경 문명형 발전이라고 말하듯이 문명사적인 넓은 전망 속에서 일본 사회를 놓고 분석하려는 점이 이 책의 커다란 특징이지만, 이러한 시점은 많건 적건 지금까지의 문명론적 접근법에서 볼 수 있는 것이다.

하마구치가 그의 간인주의 문화론 착상을 하는 데 영향을 받고 스스로도 번역을 분담한 미국의 문화인류학자 프란시스 슈의『비교 문명 사회론—씨족, 캐스트, 클럽, 이에모토』등은 좋은 예일 것이다.『문명으로서의 이에 사회』는 넓은 문명사적 전망에 기초를 두고 받아들여졌던 일본 근대화론이지만 근대화-산업화라는 서구 중심의 일계통론적 전개에 비해 일본을 포함한 다계통론적 전개를 명쾌하게 보여 주고 있다. 이에 사회의 근대화도, 여러 가지 면에서 검토해 "일본의 근대화에 대해서 이에형 조직 원칙의 확대 적용에 의해 원활히 달성되었다고 말하려는 것은 아니다"라고 밝히고 있는 것처럼, 일본형 집단주의의 우위를 단순하게 설명하려고는 하지 않는다. 예를 들면 이에(家)는 산업화의 진전에서 충분히 적합하다고는 말할 수 없고, 오히려 이에형 기업에 의해 삼켜져 버렸다고 지적한다.

그러나 이 장대한 일본 근대화론에서는 70년대 경제의 고도 성장으로 근대화 대국 일본을 달성했다는 사실에 내포된 구미 선진국 이상의 발전 가능성을 인정한다는 시점이 강해졌다. 그 성공한 자신(自身)이 일본 근대화를 평가하고, 집단주의와 근대화-산업화가 양립할 뿐만 아니라, 이후 세계에서는 오히려 우위에 서서 일할 것이라는 논지를 전개했다. 저자들에 의하면, 앞으로 사회가 발전하는 데 필요한 새로운 시스템 내지 방식은 '순수하게 개인주의적이지도 않고 순수하게 집단주의적이지도 않은 일종의 복합형'이 될 수밖에 없고, 그와 같은 복합형으로 진전하는 데 "일본 사회는 서구 사회보다도 어쩌면 유리한 입장에 있을지도 모른다"고 한다.

베네딕트가 지적했던 일본인의 집단주의와 수치의 문화는 이렇게 새로운 가능성을 가진 것으로 평가되었다. 특히 수치의 문화에 대해서는 이 공동 연구에서 언급하고 있지 않지만, 기무라(木村敏)와 하마구치(濱口惠俊)의 설(說)에서는 일본인의 사회 관계의 특징을 '간병주의'라는 점에 두는 수치의 문화의 영향을 내포하고 있다고 보아도 좋을 것이다. 집단주의와 수치의 문화는 사회 관계와 가치 의식을 표현하지만, 양자는 겉과 속이 일치하고 있고 일본 문화의 특징으로서 '간병주의'라고 저자들이 말할 때는, 그곳에 수치의 문화라는 의미가 포함되었다고 보아도 좋을 것이다. 이 공동 연구에서 문화는 거의 논의되지 않았고, 가치 의식의 분석 또한 특별히 하고 있지 않다. 그 대신에 이 공동 연구에서는 구미적 사회 분석 특유의 선입관을 피해야만 한다고 강하게 주장하고 있다. 사회과학적으로 일본 사회를 분석할 때 이러한 선입관이 일종의 편향을 낳게 하므로, 이것에 대해 경계하는 것이다.

저자들은 "적당하게 분권적이고 비전제적인 사회는, 개인주의적 문화에서만 성립한다고 생각한다. 다시 말해, 집단주의적 문화에서는 극도의 집권적, 전제적 사회가 필연적으로 생겨난다는 선입관으로, 메이지 유신 이후 일본 학자의 대다수가 그 사고에 크게 영향을 받았다. 그러나 이와 같은 선입관은 집단주의(間柄主義)에 대한 분석이 부족하다는 데 기초한다"라고 기술한다. 그리고, 집단주의적 문화에서도 분권적이고 비전제적인 사회는 존재할 수 있다고 주장한다. 문화는 이와 같은 맥락에서만 다루어지지만, 베네딕트가 주장하는 문화와 어떤 식으로 연관되는가는 특별히 논의되지 않는다.

게다가 전후 일본 사회의 전개 및 발달에 대한, 이 공동 연구는, 무라(村 : 마을) 사회의 역할에 주의를 기울인다. 즉 일본 근대화가 이에형 조직 원리에 의해 이루어졌다 해도 거기에는 무라 사회도 병존했었고, 전후 일본에서는 무라의 원칙과 서구 민주주의의 합체에 의한 무라형 민주주의가 지배적이었다는 것이다. 무라 사회는 평등주의 원리이고, 그 질서는 전원의 합의에 의해서 유지되며 암묵적인 전제를 바탕으로 한 지도력이 그 배후에 발휘된다. 보다 상위자의 지배 하에 있을 때는 그 상의(上意)를 받아서 하달(下達)을 철저하게 하기에는 좋은 시스템이다. 그러나 거기에서 균형이 깨지면 농민 반란(一揆 : 잇키[46])이 발생하고, 상의(上意)에 반항하게 된다. 근대화-산업화의 귀결로서 저자들이 제시했던 개인주의적 경향이 일본 사회에도 생겼지만, 그것은 서구적인 의미에서의 개인주의와는 다른, 일종의 '개별화' 현상이며, 또한 현재 젊은 세대에서 보이는 것도 '개별화'임을 시사한다. 여기에 기인하여 70년대 말부터 80년대 초에 걸쳐 집단과 개인을 새롭게 파악하려는 시도가 생겨난다. 무라카미 다이료(村上泰亮)의 『신 중간대중의 시대』와 야마자키 마사카즈(山崎正和)의 『부드러운 개인주의의 탄생』이 그것이다.

이처럼 '일본 문화론'의 맥락에서 파악하자면 이 공동 연구는, 근대 일본의 건설을 서구화-근대화로서가 아니라 별개 형태인 일본 문화의 긍정적 특수성이라는 하나의 달성으로서 총괄하고 있다고 보는 것이 가능할 것이다. 수많은 유보(留保) 조건을 붙이면서도 일본 특유의 이에형 조직 원리와 그것에 종속되어 온 무라형 사회 관계가 '집단-간병주의' 아래에서 그렇게 이룩한 것이며, 그것은 큰 가능성을 감추고 있다고 지적하고 있다. 일본 사회의 가족적 구성이 보였던 반민주적, 반근대적인 일본 사회의 자리매김은 이제 역전되어 이후의 사회 발전을 위해 보다 큰

---

46) 에도 시대에 영주에 대해 농민들이 단결하여 행한 무장 봉기. 중세의 무사나 농민의 동지적 집단에 기인한다.

가능성을 가진 사회 원리로서 평가되었다.

그리고 '외부'에 의한 일본론인 보겔의 *Japan as No.1*(한국어 역 : 『우리가 일본에서 배울 것은』, 이주영 역, 조선 일보사, 1991)은 베네딕트보다도 명확한 외국인을 위한 일본 사회론이다. 이 일본론은 일본 성공의 열쇠를 명확히 풀고, 미국 독자에게 참고하게 하려는 목적으로 계획된 것으로, 일본 제도의 우수성을 명확히 함으로써 그것을 행하려는 시도이다. 그러나 역설적으로 이 책은 미국인을 위한다는 의도와는 반대로, 일본인에게 "일본이라는 나라는 무엇인가?"를 생각하게 하기 위한 책으로 받아들여졌다.

보겔이 일본의 제도가 미국의 본보기가 된다고 생각한 점은 다음 네 가지이다.

1. 모든 제도를 합리적 판단에 기초해서 쌓았다고 하는 서구의 여러 나라에서는 변화가 보이지 않는 점. 일본은 과거 110년간에 2번이나 대규모로 제도를 재평가하면서 개혁을 단행하고, 서구 제도의 좋은 면을 받아들여서 합리화해 온 데 반해서, 미국에서는 200년 전과 그다지 변하지 않은 제도가 존속해 오고 있다.
2. 민주주의 선진 공업국 중에서, 일본이 유일한 비서구국이라는 점. 일본이 스스로의 전통을 기초로 해서, 그 위에서 창조성을 발휘하고, 여러 가지 유럽의 제도를 아주 새로운 형태로 채용한 점. 이것은 일본의 독자적인 발전

으로, 일본은 다른 어느 나라와도, 미국과도 가장 대조적인 나라이다.

3. 오늘날 미국이 겪는 정치, 경제, 통상 등과 같은 곤란한 문제에 대해, 일본은 훨씬 이전부터(미국에서 문제가 되기 전에) 연구를 해 왔다는 점이다. 인구 밀도에서부터 자연 자원이나 국제 환경 등의 방면에서 미국과 현저하게 차이나는 일본이 보여 준 문제 해결 방법 및 성공이 큰 참고가 된다.

4. 일본의 여러 제도가 대성공을 거두고 있다는 점. 경제만이 아니라 정치, 사회면에서도 제도가 훌륭하게 제 기능을 다하고 있는 점이다.

이렇게 '넘버 원 일본'의 우수한 면을 들어 보겔은 미국을 비추어 볼 수 있는 거울로 사용하려고 시도했는데, 이러한 '일본론'을 전개하는 데 기본이 되는 것은, 대부분이 이제까지의 '일본 문화론'에서 긍정적으로 평가를 받아 온 것들이다. 여기에서는 '집단주의'와 '수치의 문화'의 긍정적이며 적극적인 작용이 교육 효과, 합의(consensus)를 도출해 내는 방법, 정부의 실력주의와 민간의 자주성, 종합 이익 및 공정한 배분을 뒷받침하는 집단 역학, 기업에서 보이는 사원의 일체감과 그룹 정신, 방범 시스템의 효용 등에 걸쳐서 논의된다.

보겔의 논점은 이제까지의 '일본 문화론'이 '구미' 모델을 기준으로 그것과의 대비 속에서 '자기 인식'을 실행해 온 것을 뒤집어 보려는 시도라고 할 수 있다. 구몬 슌페이에 의해 설명된 '이에 사회'가 독자적으로 발전할 가능성의 인식을 손쉽게 미국 입장에서 보고 '보증'한 것이 *Japan as No.1*이고, 일본을 미국의 '거울'로 본다.

이것은 '긍정적 특수성의 인식'을 주장한 '일본 문화론'을 집대성하는 역할을 하였다. 보겔의 책은 '일본 문화론'에서 주장한 점을 대부분 교묘하게 다루었고, 그 자신이 전공해 온 '일본 중간층' 샐러리맨 사회의 사회학적 연구 이래 최대의 호의를 담은 '일본관'이 전개되고 있다. 70년대 말의 시점에서 보겔의 '일본론'은 일본인 대다수가 그 동안 기다려 온 것이었다. 일본인에 의한 '긍정적' 평가에 자극과 위로를 받고 있었으나 항상 일본인에게는, 외부에서는 실제로 어떻게 생각하고 있는가? 하는 질문이 뇌리를 떠나지 않았기 때문이다.

안과 밖의 평가 차이를 항상 어디선가 의식하기 때문에, 일본인의 일반적 심리는 불안정한 상태였다. 거기에 'No. 1 일본'이라는 신의 계시가 내려진 것이다. 보겔은 '구미적 사회 분석'의 '선입관'에서 역으로 일본 사회의 '가능성'을 비쳐 주었다. 보겔의 이 저서는 일본인에게 대대적으로 환영받았다. 지금은 '구미' 모델을 능가하는 '일본' 모델이라는 '대중 소비재'의 입장에서 급속히 퍼지고, 이 문맥 속에서 미국 사회보다 우수한 '사회성'을 보여 주는 일본이란 점이 강조된다.

『문명으로서의 이에 사회』와 *Japan as No.1*이라는 70년대 말에 출현한 2권의 저서로 전후 일본에 대한 일본 사회 평가는 정점에 이르게 된다. 여기서 파생된 '대중 소비재'로서의 '일본 문화론'은 셀 수 없을 정도로 많다. '일본적 경영'은 '이에 원칙을 기능적으로 순화한 것'이라고 불리는데, '계통제의 창출화'와 '사전 준비형 만장일치'라는 집단 운영상의 조정을 특성으로 하고 있다. 2권의 책이 커다란 영향을 미친 이 시기에 '일본적 경영' 찬미도 또한 정점에 달하고 있었다. '집단주의'와 '수치의 문화'라는 '일본 문화론'의 양면을 이루는 2가지 테마도 '세상에 대한 체면'의 연구에서부터 '일본인의 동료 의식'의 지적까지 수없이 많이 전개되어 있다. 모두 다 '긍정적 특수성'에 나타난 논쟁이다.

이러한 일련의 '일본 문화론'은 어떻게 'No.1', '일본의 성공 사례'를 설명하고 그 원인을 해명할 것인가에 '열중'하는 것으로 보인다.

거기에는 '자기 도취의 나르시시즘'이라고 해도 좋을 만큼 '일본 문화'의 우수한 특징과 일본인의 '자기 동일화'와의 합치가 보인다. 『문명으로서의 이에 사회』는 그 점에서 전후 '무라형 민주주의' 사회의 앞길에 큰 과제가 있는 것으로 끝을 맺고, 꼭 '자기 도취의 나르시시즘'에 매달릴 필요는 없다는 점을 나타내고 있다. 특히 결론 부분에서 '국제 사회와의 관계'를 논의하고 있는 것을 놓칠 수 없다. 또 보겔의 책도 어디까지나 미국 사회를 비추는 하나의 거울로서 일본을 보는 것이지, '일본화' 할 것을 권하는 것은 아니다.

또, 일본을 세계의 '보편적' 모델로 삼아야 한다는 말도 아니다. 본격적인 사회과학적 분석의 기초에는 강한 일본의 현상에 대한 긍정적 평가와 일본 사회의 뛰어난 가능성에의 신뢰가 있고 거기서 발하는 파급 효과에는 '나르시시즘'이 포함되어 있다. '개별화'도 저자들이 지적한 70년대 젊은 세대의 '풍요로운 사회'의 행동 양식에서는 '부드러운 개인주의'로 재평가받는다.

따라서, 이 시기는 그야말로 '일본 문화론'이 매스 미디어를 지배하고 그의 절대적인 영향 하에서 '긍정적 특수성'을 구가하는 '황금 시대'였다.

6. 특수에서 보편으로

　　1965년에 『일본의 경영』을 저술하고 이런 면에서 선구적인 논의를 제출했던 오타카 구니오는 20년 후 같은 주제를 가지고 재론을 시도하면서 자신의 입장이 이전과 반대가 된 것을 인정하고 있다.[47] 그것은 앞에서 언급한 미국의 인류학자이자 일본통인 경제학자 아베글렌이 자신의 『일본의 경영』(1958)에서 말한 '종신 고용, 연공서열, 인화 존중' 등의 '일본적 경영'의 특징을 평가하였다. 이는 서양 사람들이 보면 전근대적이고 후진적인 사회집단의 특징을 나타내는 것으로 보인다.

　　그러나 그런 '후진성'을 근대화를 이루는 가운데 '온존'시킨 것이 '일본적 경영'이 성공한 이유이기도 하고 시대에 뒤떨어진 관행이 서양으로부터 유입된 새로운 생산기술과 결부됨에 따라 놀랄 만한 번영과 성공을 초래했다는 설에 대하여 오타카는 '후진성'을 '온존'한 것이 아니

---

47) 尾高邦雄, 『日本的經營—その神話と現實』, 中公新書, 1984.

라 그 적극적인 가치를 주장하여 일본의 경영이 독자적인 발전을 이루었다는 주장을 옹호한 것이다.

그런데도 그 후 20년이 지난 후의 재론에서는 오타카가 서론에서 다음과 같이 기술한다. "같은 것을 다루면서 그것을 옹호하는 입장에서 그것을 비판하는 입장으로 변화한 것을 특별히 군자 표변[48]이라는 것은 아니다. 이것에는 원래부터 충분한 이유가 있었던 것이다. 간단히 말하면 필자의 입장 변경은, 처음 논문을 쓴 1960년대 초와 지금과는 약 20년의 격차가 있고 또 그 사이에 이 신화(일본적 경영의 신화)는 그 내용을 점차로 과대화하면서 세계 각국에 보급되고 그 결과 특히 일본 국내에는 걱정할 만한 사태가 계속 발생한다는 점—이 사실에 대응하기 위한 변경이었다."

그리고 그 '걱정할 만한 사태'는 다음과 같은 것을 가리킨다. "원래 외국인이 쓴 일본적 경영에 현실과는 다른 몇 가지의 점을 포함시키고 또 효과에 대해서는 장점만을 찬미하는 이 신화가 어느 사이엔가 본가인 일본인 사이에 많은 신봉자를 만들어, 그 결과 그들을 쓸데없이 자신만만하게 하고 그들을 위하여 나라의 새로운 자랑거리를 만들고 있는 듯하다는 것이다."

---

48) 易經 '君子豹變, 小人革面'에서 온 말. 표범의 무늬가 눈에 뜨이듯이 군자는 자신의 잘못을 고치는 것이 확실하다는 뜻. 또한 성질, 행위가 명확하게 바뀌는 것을 일컬음.

이렇게 지적한 다음 다시 오타카는 말한다. "현재 우리들의 눈앞에 펼쳐진 이러한 사태는 이윽고 일본인에게서 일본적 경영의 참다운 모습을 보지 못하게 하고 지금에 와서 점차 분명해지는 단점을 없애기 위한 진지한 노력을 게을리하게 하여 결국은 이때까지의 적지 않은 공적이 있었던 일본적 경영의 관행 체계를 스크랩화하게 된다는 의미로 실로 위험한 상태라고 나는 생각한다."

오타카의 이러한 발언의 의미는 중요하다고 말해야만 할 것이다. '일본적 경영'론은 이 '재론'에서도 많이 인용되는 것처럼 '일본 문화론'과 강한 연결점을 갖고 있다. 일본 기업에서 경영의 조직체나 노사 일체가 되는 고용 관계는 베네딕트와 나카네 지에 등 '일본 문화론'의 대표적 논자가 고찰 대상으로 삼은 것과 어울려 거기서부터 많은 동기 요인을 얻고 있지만, '일본 문화론'이 전개한 많은 논점 또한 '일본적 경영'을 추진하는 기업체에 의해 흡수되고 있다.

원래 '일본적 경영'이란 독특한 '인사 노무 관행 체계를 갖는 일본의 전통적인 기업 경영 양식'을 가리킨다. 거기에는 종신 고용, 일괄 채용, 평균적인 회사 인간을 만드는 정형 훈련, 연공에 의한 처우와 지위 서열, 경쟁의 억제와 인화의 존중, 품의 제도,[49] 집단 경영과 집단 책임 체제,

---

49) 품의제 : 관청, 회사 등에서 회의를 소집할 정도가 아닌 새로운 사항이 발생하였을 때 주관자가 결정안을 작성하여 관계자들에게 돌려 승

권위주의적이면서도 민주적인 참여 조직, 사생활에까지
미치는 종업원 복지에 대한 온정적 배려 등의 특징이 지적
되고 있다. 그 근원은 역사를 거슬러 올라가 에도 시대 중
기의 관서(간사이〈關西〉: 도쿄 지방을 간토〈關東〉라고 부르는
데 반하여 교토, 오사카 지방을 가리킴)에 있던 큰 상가의 경
영 방침에서 시작되었다.

근대화 과정에서 의도적으로 기업 경영체의 집단 운영
방식에 이용되어 발달한 것이지만 오타카에 따르면 장점
은 첫째 고용의 안정성, 둘째 인사의 유연성, 셋째 종업원
과 회사의 일체감을 육성하는 데 있다. 그러나 1984년에
오타카는 그 장점을 앞에서 인용한 '신화' 만연의 폐해를
걱정하여 다음 네 가지로 정리하여 지적한다.

첫째 종업원의 의뢰심 조장과 자유 창조 정신의 억제,
둘째 고용할 때의 차별 대우와 자유로운 횡단적 노동 시장
형성의 장해, 셋째 에스컬레이터 시스템의 폐해와 중장년
층 인사의 정체, 넷째 종업원의 일하는 기쁨과 일하는 보
람의 상실이다.

'일본적 경영'이 주목받고 나서 20여 년이 지나 그것이
어느 사이엔가 '신화'가 되어 횡행하고 대중 소비재가 된
것에 대한 불유쾌함이 '재론'에서는 넘쳐 났지만, 오타카
가 '위험'하다고 말하듯이 80년대에 들어서자 국제 사회

인을 구하는 제도

에서 '고도 성장' 경제 대국 일본에 비난이 쏟아졌다. 오타카가 지적하듯이 'No.1 일본' 이라고 외국인에게 평가되자 우쭐해진 일본인의 태도와 행동에 일탈이 많았으며, 해외에서 교만하게 돈을 뿌리는 듯한 태도가 두드러지게 나타나 비판이 쇄도했고, '과시적' 행동에 대한 비판도 있었다. 그와 더불어 '일본적 경영'에 관해서도 예찬에서 비판으로 형세가 변해 갔다. '일본적 경영'은 일본 사회에서는 매우 잘 기능하여 생산성을 높이지만 일본 이외의 사회에서는 반드시 잘 부합된다고는 할 수 없다. 미국 사회에서도 장점은 있다고 해도 이에 못지않게 단점도 크다. '일본적 경영'의 대부분은 꽤 '특수'한 일본인적인 성질에 기인한 것이기 때문이다.

특히 다민족, 다언어, 다문화 사회인 경우 단점으로 인한 폐단이 노골적으로 나타난다. 점차로 이러한 비판적인 논의가 행해졌다. 미국 사회에서 일본식의 인사 채용은 '인종 차별'과 '성 차별' 등으로 비쳐져 여론의 비판을 받으며 실패한 케이스가 두드러졌다. '문화의 차'가 고려되지 않았기 때문이다. 일반적으로 『일본적 경영』이 타문화에 약한 것은 아닐까? 그렇진 않다. 그 운영을 하는 일본인이 이문화와 민족 차를 이해하려고 하지 않는다. 모든 내부의 논리로 외국에서도 해낼 수 있다고 생각하는 것 같다. 그 결과 일본인은 독선적인 태도로 이문화 속에서 사업에 임하게 되고 그것은 현지의 종업원에게 독단적이고 교만하게 비쳐져 자신들을 이해하려고 하지 않는 자세로 느끼게 되는 면이 있어서, 사회적으로도 마이너스 효과가 더욱더 커지게 된다.

극히 단순화시켜 말하자면 이와 같은 비판이 '현지'에서 생겨났는데, 이론적으로는 외국에서 활동하는 일본 기업의 '일본적 경영'에 관한 비판으로 나타난 것이다. 그러한 현상이 눈에 띄게 된 것은 '일본 시스템'의 문제가 서서히 명료하게 나타났던 80년대 들어와서부터이다. 이것에 대해선 동남아시아와 북미에서 필자도 몇 번이나 들어본 적이 있다. 경영학 전공자가 아니더라도 극히 일반적으로 들을 수 있는 비판이다. 더욱이 다른 쪽에서 휴먼 웨어 (Human Ware) 경영이라는 평가가 보이는 면도 있다는 사실을 잊어서도 안 되지만 그 성과가 비판의 목소리를 막을 정도는 아니라는 것도 사실이다. 오타카가 신뢰할 만한 식견을 가지고 자신의 설을 수정하고 단점을 명료하게 한 것이 바로 일본적 경영의 내부에 존재하는 문제점이라는 지적은 사실일까? 그것이 장점까지 포함하면 결국 국제적으로 통용될 수 있는 것인가? 아니면 일본의 특수성인가? 이러한 점으로 논의가 옮겨지고 있다. 오타카는 '일본적 경영'의 단점에 대한 수정안을 내면서 "현재 일본 국내에서도 그 마이너스 효과만 눈에 띄는 '일본적 경영'의 관행을 현재 그대로의 형태로 해외에 이식하여도, 그것이 신화 속에서 기대되던 것처럼 플러스 효과를 올릴 수 있을지는 아무도 모른다"라고 기술한다. 그리고 그의 단점 수정안은 실제로 단점을 없애려고 시도한 것이었다. 그리고 더 나아가서 오타카는, "신화 속에서는 당연히 잘 해 나갈 수 있으리라고 말하는 '일본적 경영'의 관행 체계가 해외에 이식될 수 있는가, 특히 미국과 같이 산업 근대화가 상당히 진보된 선진국에 이식될 경우 기대한 만큼의 플러스 효과를 올리는 것이 가능할 것인가?"라고 질문한다. 이것은 상당히 타당하고, 오타카는 그가 제안하는 형태로 단점을 수정, 보완한다면 일본적 경영의 관심을 외국에 이식하여 유효하게 활용하는 일도 충분히 가능할 것이라고 말하고 있다. 그러나 그렇게 되면 이미 '일본적 경영'이라고 부를 수 있는가 하는 의문이 생길 것이다.

예를 들면, 종신 고용의 장점과 단점을 여러 가지로 생각할 수 있지만 오타카의 신중한 제안에 따라서 단점을 수정하여 점차 결점을 해소하는 방향으로 간다면, 일본적 경영의 최대 요건인 종업원의 안정과 조직에 대한 충성을 잃게 되는 것뿐만 아니라, 일본 집단주의의 기본 구조를 저해하게 되어 그렇게 간단히 끝나지 않을 큰 문제로 발전할지도 모른다.

어쨌든 일본 사회는 일종의 '기업 사회'라고 봐도 된다. 사회 전체를 에워싸는 시스템 조직체가 점하는 위치는 상상을 초월할 정도로 크기 때문이다. 그렇더라도 지금 '구조적 개혁'이 일본 사회 및 조직과 제도의 많은 면에서 필요하다는 것도 사실이다.

오타카의 논의에서 결여된 것은, '일본 시스템' 그 자체를 어떻게 생각할 것인가, 또는 국제 사회 속에서 어떻게 '보편화'를 추진해 나갈 것인가 하는 면에 관한 사회학적 고찰이다. 오타카의 『일본적 경영』의 재고(再考)가 나온 것과 시기를 같이하여 국제 정세는 엄격하게 변화하였다.

80년대에 들어서자 일본의 해외 진출, 경제 대국으로서의 위치는 점점 더 활발해지고 문자 그대로 세계 중심의 하나로서 흔들리지 않는 존재로 생각될 정도가 되었다. 일본 돈(Japan money)의 지배와 경상수지 흑자액의 비대, 세계 최대의 '채권국' 그리고 세계 금융의 중심지로서의 동향이 세계의 이목을 집중시켰다. 그런데 보겔의 *Japan as No.1*에서 볼 수 있듯이 '일본 문화론'의 황금 시대 이후, 그야말로 짧은 시간이 흐르는 동안 국제 정세의 변화가 '일본 문화론'에도 미쳤다. '일본적 경영'의 '신화'에 일본인 자신이 취한 듯한 상태가 얼마 지나지 않아 이번에는 새로운 '일본 비판'이 나타났다.

세계 경제의 중심이 되는 것과 동시에 오타카가 '일본적 경영'의 '수정론'을 낸 1984년경부터 일본을 둘러싼 '경제, 무역 마찰'의 정도는 한층 더 깊어지고 심각한 양상을 띠게 된다. 이른바 '일본 때리기'(Japan Bashing)의 논조가 구미의 매스 미디어에 점차 나타난 것이다. 필자 자신이 1985년 9월, 4년 만에 미국에 갔을 때 느낀 것은, 81

년에 나온 *Japan as No.1*과 같은 호의적인 분위기는 사라져 버렸다는 점이다. 무척이나 냉소적이고, 신문이나 TV에서 일본과의 경제 마찰이 보도될 때마다 '일본은 어떻게 할 예정인가?'라고 필자 자신이 미국에서 추궁당한 적이 있었고 일상생활에서 미국의 '윤택'함과 보도에 의한 일본의 '강함'이라는 괴리 사이에서 곤혹스러운 경험을 많이 했다. 오타카가 책을 낸 1984년 오자와 마사코(小澤雅子)는 다른 시각에서 일본 사회의 소비에 계층화와 '수직형 차별화'가 진행되고 있는 사실을 지적했다.[50]

1955년 경제의 '고도 성장'과 '이미 전후는 아니다'라고 주장한 전후 일본의 '이륙' 이래, 처음으로 '평등주의'를 지향하는 '신 중간대중'의 기업 집단 지배형 사회에 외부로부터의 비판과 내부에서의 '불평등'과 '차별화' 또한 무시할 수 없게 되었다. 그와 함께 해외에서의 일본 연구가 새로운 경향을 나타내기 시작했다.

1982년에는 후에 미국의 '대일 수정주의'라고 불린 일군의 일본론자들 가운데 중심 인물인 찰머스 존슨(Johnson, C.)의 연구서 『통산성과 일본의 기적』이 출판된다.

이것은 일본의 관청에 대한 본격적인 연구서이지만 그 시점은 비판적이다. 이 비판적 시점은 '일본 문화론'에도

---

50) 小澤雅子, 『新階層所費の時代―所得格差の擴大とその影響』, 日本經濟新聞社, 1985.

가해졌다. 실제로 일어났던 일본 제품 때려 부수기처럼 명백한 '일본 타도'와 함께 '일본 정신'을 날카롭게 비판하고, 그러한 경향이 현재도 계속 나타나고 있는 '위험한 추세'에 경종을 울린다는 논조가 시작됐다.

호주의 일본 연구자 피터 데일의 『일본적 독자성의 신화』는 1986년에 출판되었는데 이 책은 시종일관 소위 '일본 문화론' 비판으로 꽉 찬 과격한 서적이다. 그렇다고 해서 이 책을 일본 비판을 위한 경향적 출판물이며 시세에 편승한 책이라고는 결코 말할 수 없다.

이 책은 닛산 자동차가 영국 옥스퍼드대학에 기증한 '닛산 일본연구소'의 시리즈 간행물로서 출판되었고 소장인 옥스퍼드대학의 일본학 교수 스톡윈이 서문을 썼다. 옥스퍼드대학이 '권위를 부여한' 연구서이고, 나름대로 학문적인 형태를 취한 저작이다. 여기에 게재되어 있는 것은 '일본인론'(필자는 이 논문에서 일괄하여 '일본 문화론'이라고 불러 왔다)이지만 서문에서 스톡윈 교수는 '일본인론'을 가리켜서 "일본인이라는 것이 무엇을 의미하는지를 말하는 것(telling what it means to be Japanese)"이라고 말하고 있다.

데일은 '일본인론'에는 3개의 주요한 특징이 있다고 말한다. 즉 '일본인론'이 주장하는 것은

첫째, 일본인은 선사 시대부터 현재까지 계속되는 하나의 문화적·사회적으로 동질의 인종적 존재를 형성하고 있고, 그 본질은 변하지 않는다고 가정하는 것.

둘째, 일본인은 다른 알려져 있는 어느 민족과도 전혀 같지 않다는 것.

셋째, 그 입장은 명확히 자각적인 의미에서 민족주의적이고 외부의 비일본인이 행했던 연구 분석에 대해서는 관념적으로도 방법적으로도 적의를 나타낸다는 것이다.

데일은 이러한 특징을 지닌 '일본인론'이 일반적인 의미로는 일본의 외견상 '독자성'과 관련된 문화적 민족주의의 산물이고, 개개인의 체험이나 국내의 사회·역사적인 다양한 사고 방식에 대해서는 적대적이라고 말한다.

이와 같은 시점에서 데일이 거론하는 '일본인론'의 비판 대상은 '긍정적 특수성의 인식'의 시기인 70년대에 양산된 '일본 문화론'이지만 그것과 관련된 메이지 이후 일본 문화 '긍정론' 대부분을 포함한다. 모토오리 노리나가(本居宣長)가 제창한 '모노노 아와레'의 개념으로부터 구키 슈조(九鬼周造)와 니시다 기타로(西田幾多郎)와 다나베 하지메(田邊元)의 '교토학파' 철학, 그리고 '일본인의 뇌'와 '일본인의 언어'로부터 이마니시학파(今西學派)의 '원숭이학'에 이르기까지 이렇게 시대도 분야도 다른 연구, 사상 속에서 일본 문화론은 "의식적으로 내셔널리스틱하려고 하였고, 일본인은 독창적이라는 신앙을 확인하려는 생각에 빠져 있다"고 일본인론을 통찰하고 있다.

더군다나 이들의 특징을 '일본 파시즘'의 발현이라고 단정한다. '일본적 경영'론으로부터 이마니시 긴지(今西錦

司)의 '원숭이학', 다니자키 준이치로(谷崎潤一郎)로부터 스즈키 다카오(鈴木孝夫), 거기다 와타나베 쇼이치(渡部昇一)의 '일본어' 론에서 '파시스트적 이데올로기' 의 특징을 찾아낸 것이다. 데일은 '일본 문화' 의 특징을 '긍정적' 으로 인정하려고 하는 일본인에 의한 논의 거의 전부를 '자민족 중심주의' 이고 이화(異化)를 적대시하는 것에 물든 국수주의적 사고의 산물이라고 단정한다.

이것은 아무리 봐도 지나치게 완고하고 선입관과 '편견' 으로 가득 찬 태도이며, 지나치게 일방적인 논리이다. 이 책을 서평한 미국 학술지도 착실한 논의라고 인정할 수 없다고 비판하고 있다. 그러나 이렇게 단정된 '일본 문화론' 도 역시 정면으로 대응해야 할 '도전' 임에 틀림없고 설령, 일부에서 나타나는 현상이라 하더라도 데일의 비판에 옳은 점도 있다는 것을 간과해서는 안 된다.

원래 이 책에 대한 상세한 비판적 분석은 당연시되어야 할 것이며 이 책 속에서 '파시스트' 로 단정된 '논자' 들의 반론이 아직 보이지 않는 것은 유감스럽다. 데일의 일본어로 된 관련 문헌의 섭렵 또한 전문가로서의 역량을 충분히 엿볼 수 있게 한다. 그가 일본에 체재하면서 얻은 '일본 이해' 는 오류도 많다고 하지만 '일본 문화론' 자가 비교·대조 대상으로 사용하는 '서구' 와 '구미' 에 대한 이해를 훨씬 넘어선 것이라고 말하지 않을 수 없다.

데일의 연구에서 결여되어 있는 것은 앞에서 베네딕트

의 『국화와 칼』에서 보인다고 지적했던 '복안점'인 시점이다. 데일과 동석했던 심포지엄에서 필자가 지적했던 것이지만 현대 구미의 '논리'와 연구자에게서도 데일이 말하는 '파시즘'적 요소는 많이 볼 수 있고 그가 태어난 호주의 현대 사조에서도 그 경향은 현저하다. 베네딕트는 적국인 일본 연구를 하면서 늘 유의했던 '상대적 인식'의 시점을 없애면 일본 지식인에 대한 단순한 '비난'이 되어 버린다고 했다.

1984년에는 문화인류학자인 일본계 미국인 하루미 배후가 '이데올로기로서의 일본 문화론'을 주장하였다. 1987년에 출판된 책의 권두에 수록되었던 쓰루미 슌스케(鶴見俊輔)와의 인터뷰 중에서, 배후는 데일과는 다른 각도에서 '일본 문화론'을 '목적이 있어서 만들어진 이데올로기' 내지 '신화'라고 주장하고 있다. 배후는 "문화론이라는 것은 일본의 문화를 충실하게 객관적으로 묘사하지 않고 어떤 일정한 일본의 특징을 대상으로 하여 그것을 강조하고 거기에 어긋나는 점을 무시하고 하나의 시스템을 만든다. 어째서 그런 것을 만드냐고 묻는다면 그것은 체제에 도움이 되기 때문이다"라고 주장한다. 더욱이 질문하는 쓰루미가 1984년(이 인터뷰가 시행됐던 것은 83년이고 그것이 게재된 잡지가 나온 것은 84년) 이후, 이데올로기로서 '일본 문화론'은 어떻게 변할 것인가 하고 묻자 그에 대해서 다음과 같이 대답하고 있다.

84년 이후 일본은 세계에서 국제적, 정치적, 경제적 지위가 어떻게 변화해 갈까요? 어떠할 것일까?

그 여하에 따라 여러 가지가 변할 것이라고 생각합니다. 과거에 일본 문화론이 어떠한 분위기로 변해 왔는가 하면, 외적인 요건에 의해 좌우되어 왔다고 생각하기 때문입니다. 그러니까 예를 들면 일본이 정치적 혹은 군사적으로 불안한 상태였기 때문에 문화론도 그에 따라서 좌우되었다고 생각할 수 있습니다. 현재는 정치적으로도 경제적으로도 비교적 안정되어 있습니다. 이것은 어떤 의미로서는 대단히 불안한 안정일지도 모르지만 그 온실적인 안정 속에서 일본인은 "나는 이렇게 훌륭하다, 뛰어나다"라고 말할 수 있게 되었고, 그것을 문화론에서도 주장하고 있습니다. 일단 세계의 사정이 변하고, 일본이 지금까지처럼 미국의 핵우산 안에서 보호받지 않는다면, 일본인은 자신의 아이덴티티를 적절히 변화시켜 가지 않으면 안 됩니다. 지금까지의 문화론은 70~80%가 미국과 비교해서 일본은 무엇인가 하는 발상입니다. 그렇기 때문에 일본은 독특하다고 문화론은 말하겠지만, 도대체 어떤 점을 가리키는가 하면 그냥 단지 미국 혹은 구미와 이렇게 다르다라고 말하고 있을 뿐입니다.

어째서 문화론이 그와 같은 형태를 취하는가 하면 일본에서 미국이 경제적, 정치적으로 중요하기 때문에 일본인은 그쪽을 지향하고 있는 셈입니다. 그렇지만 세계의 사정이 백팔십도로 변하고 일본인이 지향하는 곳이 다른 방향으로 간다면 문화론도 그쪽을 향하게 됩니다.

베후는 다른 곳에서 '일본 문화론'을 "미개 사회의 종교나, 가족 제도를 보는 것과 동일한 입장에서 보자"라고 말하고 있다. 베후의 '일본 문화론' 비판은 데일처럼 극단적인 편견에 의한 것은 아니지만 특히 "긍정적 특수성의 인식"으로서 출현한 일본 문화론에 대해서는 호된 비판을 가하고 있다. 베후의 의견을 전부 납득할 수 없다 하더라도, 상대에 따라서 좌우로 흔들리는 '일본 문화론'이라는 지적에는 어느 정도 진실이 담겨 있다. 베후는 1987년에 출판된 『이데올로기로서의 일본 문화론』에 수록된 논문 「'일본 문화론'이라는 것은 무엇인가」에서 보다 더 포괄적인 비판을 전개하고 있지만, 여기서는 80년대에 들어서서 '일본 문화론' 자체에 대한 비판론이 그것을 하나의 '문화 현상'으로 파악하는 입장에서 이루어졌다는 점에 주목하고 싶다. '일본 문화론'이라는 '언설'이 이제는 조직체나 제도와 같이 일본을 보여 주는 독보적 존재가 된 것이다.

데일과 베후와는 취지를 달리한다고 말하는 '일본 비판'론은 '연구'에서 '대중판'에 이르기까지 많이 나돌게 되었다. 그 하나의 예로 『국화와 칼』무역 전쟁편'이라고 이름을 붙인, 대일무역전략 기초이론 편집위원회 편『공식 일본인론』이 있다.[51] 미국의 '대일 전략'에 도움이 될 목적으로 복수 기관(thinktank)의 협력으로 만들어진 것이지만, 그 내용은 데일의 저작과 비교할 수도 없는 허술한 '일본 두드리기'이고 도시바 텔레비전을 두드리고 파괴하는 미 의원의 행위와 다름없는 것이다.

그러나 이 '공식 일본인론'도 데일과 마찬가지로 '일본 문화'의 특징을 '안에 틀어박히는' 특징이 있다고 간주하고 거기에서부터 부정적인 요소를 찾고 있다. 부정적인 요소로서 '교활한 인상', '이지메', '여성 부재', '소수 민족 멸시', '교섭 미숙', '미래관 결여' 등을 들 수 있다. 이러한 부정적 요소를 이용하여 '외압'을 걸고 '대일 전략'을 진행해야 한다는 것이 이 책의 주요 내용이다. 80년대 후반이 되면 그러한 논조가 미국에서도 많이 생겨나고, 그것이 일본에서도 주의를 끌게 된다.

Japan as No.1 이후 10년이 지나자, 일본을 보는 시점은 '일본 예찬'에서 '일본 비판'으로 변해 갔다. 해외에서 일본인의 '과잉 진출'과 조금도 해결되지 않는 '경제 마찰', 그리고 아시아에서의 수많은 노동자 이입과 그것을 받아들이려고 하지 않는 일본의 제도나 조직의 폐쇄성에 대한 비판이 더욱 격렬해졌다. 그와 더불어 일본 국내에서도 서서히 '일본 문화론'의 '긍정적 특수성의 인식'에 대한 반

---

51) 對日貿易戰略基礎理論編集委員會 編,『公式日本人論—「菊と刀」貿易戰爭編』, 텔레콤파워연구소 역, 1987.

성이 현재화되었다. 물론 '일본 문화론'에 대한 비판은 처음부터 존재했었다. 특히 '긍정적 특수성의 인식'으로 분류되는 것에 대해서도 일본 내부에서 많은 비판이 있었고, 또 같은 '일본인'을 취급하더라도 앞에서 언급해 온 논자들과는 별도의 관점을 보여 주는 '일본론'도 언제나 있었다. 가토 슈이치(加藤周一), 마루야마 마사오(丸山眞男), 미나미 히로시(南博), 가와무라 노조미(河村望), 이토 미쓰하루(伊東光晴), 쓰루미 슌스케(鶴見俊輔), 야마구치 마사오(山口昌男) 등의 논자들은 훨씬 회의적이고 비판적인 '일본론'을 전개하고 있다.

그러나, 60년대 이후 일본 경제의 고도 성장과 사회의 '중간 사회'화에 대해서는 이미 '근대화'론도 '마르크스주의적 발전 단계'론도, 이를 파악할 수 있는 어떤 유효한 이론도 발견할 수 없어, 이를 '일본 근대'의 독자성으로 '긍정'하는 논점에 밀려나지 않을 수 없었다는 사실이다. 그것은 여전히 '사회과학적' 사실이었고 그 기본에는 현대 일본 사회와 그 문화를 파악하는 '이론'에 19세기 이래의 인문 사회과학의 '대전통'이 결여되어 있다는 사실이 존재한다. 이 점은 이 책이 다룰 수 있는 범위를 넘어서는 '대문제'이기 때문에 여기에서는 이상과 같은 지적에 머물지만, 언젠가 필자 나름대로의 범위에서 보다 더 본격적으로 다루고 싶은 과제라고 생각한다.

그러나 80년대 들어와서 '긍정적 특수성의 인식'으로

서의 '일본 문화론'은 확실히 앞길이 막혀 버렸다. 아무리 '일본답게'나 '이에'의 문명을 평가하더라도 오늘날의 일본 사회가 처한 현실은 결코 '긍정적'인 것만으로는 파악될 수 없다. '사전 교섭'의 기술도 '국제 사회'에서는 잘 작동하지 않는다. 일본을 둘러싼 '마찰'은 심각해질 뿐이라고 기술하는데, '국제 사회' 속에서 일본의 '특수성'은 부작용을 가져온다고 지적되었다.

80년대 후반에 시작된 '국제화' 논의는, '일본 비판'이라는 외압과 일본인 스스로가 세계의 중심으로서의 위치에 대한 자기 인식부터 가져야 한다는 생각으로 인해 활발하게 논의되었다. 그러한 경향 속에서 '일본 문화론'도 미묘하게 변했다. 예를 들면, 지금까지 '일본적 독자성'을 가장 잘 보여 주며, 또 세계로 보급되어 이제는 주목받는 '일본어'에 대해서도 억제해야 한다는 논의도 등장하게 되었다.

1986년에 야마자키 마사카즈(山崎正和)는「일본 문화의 세계사적 실험」에서 일본인의 '인간 관계 기반을 지탱하는 것은 일본어다'라는 당연한 상식이 국제 사회에서는 통용되지 않는 점을 지적하고 일본 기업 등의 조직이 '인간 관계를 연결하는 특수한 일본적인 감각을 수정'하여 조직에서 언어의 다양성과 국제 여론이 국제적이라고 인정하는 방식을 좇아 인간 관계를 조정할 필요성을 역설하였다. 『문명 개화에의 도전』이라는 제목의 논문집에는 일본적 특성을 의심하는 것에서부터 '제2의 개국'을 지향하려는 논점까지 보인다.[52] 야마자키는 국제 여론을 좇는 형태의 국제성을 이룩하는 일은 꼭 필요하지만, "그렇게 된다면 거기에 적응하지 못하는 일본인이 나타날 것이 틀림없다. 민족주의적인 관점에서 본다면 일본 문화가 피를 흘릴 게 틀림없다"고 서술하고 있다. 이보다 몇 년 전에 야마자키가 발표하여 유명해진 『부드러운 개인주의의 탄생』이 훨씬 일본인을 긍정적으로 보고 있는 데에 비하면, 일본인에 대해 보다 비판적인 자세를 보여 주고 있다. 여기서 나타난 야마자키의 논점은 '국제화'를 일본이 가야 할 필연적인 방향으로 보고 그를 위해 치러야 할 대가를 일본 문화론, 혹은 쇄국론에 대응시키고 있다. 문화 개국론은 어떻게든 열린 형태로서 일본을 국제 사회 속에 자리잡게 하려는 통절한 시도이다.[53] 그렇다고 하더라도 일본 문화론의 황금 시대로부터의 전락은 앞에서 말한 바와 같이 아차 하는 순간에, 몇 년 지나기도 전에 일어났다. 이는 1979년 보겔의 저서가 일본어 역으로 출판되었을 무렵에는, 또 80년대 초엽까지도 생각조차 하지 못하던 일이었다. 내부에서 일본 비판은 항상 존재했다고 할지라도 80년도 중반에 급격하게 몰아쳐 온 외부로부터의 일본 비판(넓은 의미에서

---

52) 山崎正和, 『文明開化への挑戰』, 中央公論社, 1986.
53) 쇄국론의 대표적 저술로서 西尾幹二, 『戰略的 鎖國論』, 文藝春秋社, 1988이 있고 이에 대립하는 '개국론'은 石川好, 『鎖國の感性を排す』, 文藝春秋社, 1985를 들 수 있다. 이 외에도 많은 의견이 제출되었다.

'일본 문화론' 비판이기도 하다)은 역시 예기치 못했던 압력이었다. 이러한 일본 비판은 82년의 존슨의 '통산성' 연구에서 준비되었는데, 그 주장을 노골적으로 나타낸 것은 '일본 문제' 라는 논의에서였다.

네덜란드 저널리스트, K. G. v 월프렌은 1986년에 미국의 외교지 *Foreign Affairs*에 '일본 문제' 라는 논문을 게재하였다. 이 논문은 국제 사회에서 일본 신화의 종언[54]을 선언하는 것이었다. 거기서 '주권 통치 국가' 와 '시장 경제권 국가의 일원' 이라는 오늘날의 자유주의 근대 국가의 주요 조건이 일본에는 결여되어 있다고 비판하였고, 이는 현대 일본의 성공에 취해 있는 일본인에게 찬물을 끼얹는 효과를 가져왔다. 월프렌은 나아가서 '왜 일본의 지식인은 오로지 권력을 추종하는가?' 를 묻고 일본의 제도와 관행을 일본 문화라고 우러러 받들고, 그 모순과 결함을 덮어 버리는 경향에 비판의 활시위를 돌린다. 월프렌의 지적이나 비판이 타당한 면도 있지만 일방적인 일본 비판으로 기

---

54) van Wolfren, K. G., "The Japan Problem," *Foreign Affairs*(K. G. v ウォルフレン, 「日本問題」, 『諸君』, 1987년 4월호). 월프렌의 일본 지식인 비판으로는 「なぜ日本の知識人はひたすら權力に追從するのか?」, 『中央公論』, 1989년 1월호 등. 또한 '일본 문화론' 비판으로서 거론할 수 있는 것이, 세오도아 호와이트, 「危險な日本」, 『ニューヨーク タイムズ』, 1985년 7월 21일, 『サンデー マガジン』; 이안 브루마, 「日本の新しい極右ナショナリズム」, 『ニューヨーク タイムズ』, 1987년 4월 20일, 『サンデー マガジン』 등이 있다.

울어져 있는 인상을 주고 있는 점도 사실이다. "그러면 네덜란드 지식인들은 어떠한가? 그리고 당신 자신의 입장은 어떠한가?"라는 질문에 대한 대답이 그의 '일본 비판' 속에서는 보이지 않는 데다 또한 서양은 다르다는 전제를 바탕으로 한 서양의 일방적인 일본 비판이라고 느껴지기 때문이다. 그러나 일본으로 향한 이 비판을 무시해도 좋다는 것은 아니다. 거기에는 일본 문제를 생각하는 극히 진지한 태도가 보이기 때문이고 그에 대응하는 진지함을 일본의 지식인도 보여 줄 필요가 있기 때문이다. 그러나 그러한 점을 제쳐두고 본다면 세계의 흐름 속에서 일본인이 대면하지 않으면 안 되는 문제를 극히 명쾌하게 보여 주고 있다. 일본인의 입장에서 보면 유보시킬 만한 많은 문제가 있다고는 해도 구미적 세계를 하나의 세계적 기준으로 보는 보편성 또는 국제성을 일본이나 일본인에게 요구하기 때문이다. 뒤에서 논하겠지만 이러한 논의는 월프렌이나 대일 수정주의의 시점에서만 생겨난 것이 아니다. 그것은 80년대에 들어선 후 위치가 확실해진 구미가 세계를 파악하는 시점의 전환과 관련이 있다.

그 배경을 충분히 이해한 이후에 일본측도 대응해야 할 것이다. 월프렌의 일본 비판은 '긍정적 특수성의 인식'에 대한 반작용이었다고 할 수 있다. 아무리 일본 비판이 일방적이라고 일본인들이 느낀다 하더라도 일본 문제가 세계에서 논의되고 있다는 사실을 잊어서는 안 된다.

이러한 외압으로 치열해진 일본에서의 국제화 논쟁은 두 가지 대립되는 의견을 낳았다.

우선 한 가지는 일본의 문화, 사회의 연속성을 강조하고, 그 속에서 국제화 문제를 처리하려고 하는 입장이다. 이것은 일본과 외국과의 문화적 차이를 강조하여 일본의 국제화에는 한계가 있고, 외국인이나 이문화와의 상호 교류도 일본 문화, 사회의 특질에 입각하여 해야 한다고 주장하는 입장이다. 이 경우 일본 문화, 사회의 특질이란 '긍정적 특수성'에서 얻게 된다. 이 입장에서는 현재 커다란 정치, 사회 문제가 되고 있는 외국인 노동자를 받아들이는 사안에 대하여 일종의 쇄국론적 입장을 취하고 있다. 일본인이 외국인과 하나의 사회(일본 사회의 틀) 속에서 공존해나가는 일은 일본 역사를 보더라도 준비되어 있지 않고, 사회적으로도 이문화, 이국인들과 생활을 같이하는 데 익숙하지 않다. 무제한적인 외국인의 수용은 혼란을 초래한다. 게다가 외국인에 대한 제도적인 대응도, 법률적인 조건도 갖추어져 있지 않다는 점을 들어 국제화에 비판적인 태도를 취한다. 이러한 주장은 일반적으로 쇄국론의 입장에서 나타난다.

이에 반하여 다른 한편으로는 일본 문화, 사회의 특질이나 연속성을 부정하는 것은 아니나, 지금과 같이 국제 사회 속에서 일본이 외국과 상호 교류를 하지 않으면 안 되는 시대에는 제도나 조직도 개방하여 외국인을 받아들이

지 않으면 안되고 외국어와 일본어를 병용해야 한다고 주장하는 쪽도 있다. 일본 문화의 특질 중심주의만으로는 국제 사회에서 존립해 나갈 수도 없고, 개국을 해서 자문화를 제한하면서 국제화를 행할 필요가 있다라는 주장이다.[55] 이것이 개국론의 입장을 보여 주는 대강의 줄거리이다. 이 두 가지 입장은 논자에 따라 각각 논점을 세우는 방법과 표현에 차이가 있긴 하지만, 현 일본의 논조를 구별하는 두 가지 흐름으로 읽어도 좋다. 흥미 깊은 것은 국제화를 둘러싼 이와 같은 논의에서 쇄국론도 개국론도 모두 여전히 참고의 틀로서 구미를 예로 들고 있고, 설사 일본의 실험적 위치가 논의되더라도 거기에는 서구-미국 대 일본, 일본 대 구미라는 도식을 전제로 논의가 진행된다는 점이다. 일본 문화론은 일본인이라는 것이 무엇을 의미하는가를 나타내는 것이, 일본을 일본인의 나라답게 명확히 해 주는 것이라고는 하지만 그 목적을 다하기 위해서 다른 문화나 사회, 그리고 외국과의 차이를 보여 주지 못한다면 일본다움도 나타낼 수 없을 것이다. 미국인으로서 베네딕트가 스스로의 문화적 배경을 항상 인식하고 구미와의 비교를 통해서 일본 문화를 파악하려고 했듯이, 일본 문화론도 비교를 시도하는 대상이 전후 일본에서 역시 서구였고 미국이었다. '역사적 상대성의 인식'에서도 그 비교의 기

---

55) 앞에서 거론하였던 니시오 겐지와 이시카와 요시미에 의해 대표되는 논의.

축은 서구 대 일본이었고, 생태사관에서도 그것은 변하지 않았다. 지금까지 일본 문화론이 그 특징으로 했던 집단주의와 수치의 문화조차도 베네딕트와 마찬가지로 구미의 개인주의와 죄의 문화가 대비의 전제가 되어 있다. 하지만 『국화와 칼』 이후의 일본 문화론에서, 서구와 미국 소위 구미의 개인주의와 죄의 문화 혹은 어느것이건 구미적 특징으로 생각되는 것에 대해서 천편일률적 일반론을 도출하는 것만은 아니었다.

예를 들면 일본다움을 재발견하려는 하마구치가 일본(동양)의 간인주의에 대해 말하면서 구미의 개인주의에서 보이는 것은 '자기 중심주의', '자기 의거주의', '대인 관계의 수단시'가 세 가지 기본적인 특징이라 했는데, 이것이 결국 서구 내지 구미 사람들의 특징이라고 결론을 내려도 좋은가 또 일본인에게는 보이지 않는 요소인가 하는 점에 대해서는 설득력 있게 설명하고 있지 않다.

이것은 하마구치의 논점에 한정된 것이 아니라 일본 문화론의 공통된 특징으로, 개인주의에서 나타나는 특징의 대부분은 일본인에게서도 보이고, 집단주의에서 나타나는 특징도 구미인에게서 보인다. 구미라고는 하지만 그 범위가 넓어 특정하기는 어려울 텐데 그 점을 깊이 추구해 나가려는 시도는 이루어지지 않았다. 예를 들면 아날학파와 E. 홉스봄 등 영국 역사파의 사회사 연구에서 보이는 서구는 전혀 고려되어 있지 않다.

보다 일반적인 문화 비교를 보아도 E. 홀이 지적하고 있는 것처럼 유럽이라고 한마디로 말하기는 쉽지만 실제로는 남과 북이 서로 다르고 영국과 프랑스의 사회 구조도, 문화의 특징도, 인간 관계 방식도 다르다. 수치의 문화 또한 지중해 문화의 특징으로 꼽을 수 있고, 집단주의도 독일 사회에서 보인다. 동남아시아에서는 태국도 개인주의적 사회라고 일컬어진다. 확실히 일본인과 비교하자면 태국의 사회 관계의 존재 방식은 개인주의적이지만 영국인의 눈으로 보면 그다지 개인주의적이라고는 할 수 없으며, 필자가 경험한 태국 불교의 계율과 금욕주의는 엄격한 가톨릭 수도원과 불교의 승원 중간에 위치한다고 생각된다. 비교론은 문맥에 따라 상당한 차이와 동질성을 다른 형태로 발현시키는 것이다. 이와 같은 비교는 인상적이라는 한마디 말로 정리할 수도 없다. 학문적인 비교라고 할 수 없다는 말도 어느 정도까지 그렇게 단정지을 수 있는지가 의문이다.

그러나 집단주의라는 것도, '바'(場)를 중요시하는 사회 관계이건 수치와 체면이건 간에, 이탈리아인의 공동체 중시, 태국인과 중국인의 '바'(場), 발리인과 스페인 사람에 있어서 수치와 체면, 미국인이라 해도 중류 지식 계층 사람들에게서 나타나는 '바'(場)와 체면 같은 유사한 사례를 상세하게 비교한 연후에 결론을 내린다면 일본 문화론의 자리 매김 또한 달라질 것이다. 일본인의 경우에도 집단주의적인 차원보다 개인주의적인 차원이 집단의 경험과 개인의 환경에 의해 변화하면서 나타나고, 수치와 체면도 같다고 말할 수 있다.

'바'(場)보다 자격을 중요시하는 사회 관계도 일본인 사이에 나타나지 않는 것은 아니다. 요리사 같은 직업인, 전문직 사람들의 경우에는 자격이 '바'보다 우선시되고 해외의 일본인 노동자처럼 개인이 집단에서 분리되어 자격에 의해 평가되는 경우도 많이 있다. 벌써 여러 일본 문화론의 논자가 언급한 바와 같이 결국 그것은 정도의 문제일지도 모르지만 이러한 점에 대해서는 내가 이전에 조사한 산악 신앙 집단 같은 횡적 관계에 의해서 성립되어 있는 조직도 현실적으로 존재하고[56] 이러한 사람들의 사회 관계를 중심으로 일본의 사회 구조를 파악하면 또 다른 사회상을 그릴 수 있는 것도, 사실이다. 이미 전쟁 직후에 기다 미노루는 앞에서 인용한 『정신병자 부락 주유기행』에서 이와 같은 사회 관계를 그리는 것이다. 일본 사회를 파악하는 기다의 방법은 그 이후 어째서인지 계승되지 않았다.

원래부터 이러한 비판이나 반증은 이미 여러 종류가 나와 있고, 종적 관계에 대응하는 횡적 관계를 중시하는 동료 의식을 일본인의 사회 관계 속에서 중심으로 하자는 견해 등이 거론되었지만, 실제로는 일종의 보충 설명에 머물

---

56) 拙著, 『御岳巡禮—現代の神と人』, 筑摩書房, 1985.

러 있다. 단지 이러한 반증도 비교의 측면에서는 거의 모든 경우에 극히 단순한 일면만을 보여 준다. 또 그와 같이 논하면서도 '긍정적 특수성'의 틀을 벗어날 수 없는 것이 일반적이다.

이렇게 하여 지금까지 전후 일본의 일본 문화론을 네 시기로 나누어 보았는데 그 내용과 주장은 사회의 발전에 따라 변화한다는 것이 명확해졌다. 그 궤적은 사회 발전, 즉 바꾸어 말하면 경제의 고도 성장에 따라서 '부정'에서 '긍정'으로, '자신 상실'에서 '회복'으로, '전근대적'에서 '초근대'로, '후진'에서 '탈산업화'로 혹은 '모던'에서 '포스트 모던'으로 분명한 변화를 보이고 있다.

그곳에는 패전과 근대화의 좌절로부터 필사적으로 재도약하려는 일본인의 '진보'와 '발전'에 대한 기대가 표현되어 있고, 일본 문화론이 그렇게 융성을 보인 배경에는 '일본 문화'에 '일본을 일본인의 나라답게' 하는 근거가 있고 그 속에서 '아이덴티티'를 찾고자 하는 깊은 욕망이 있었기 때문이다. 패전 당시 일본인의 정신연령을 12세라고 한 맥아더 장군의 평가를 어떻게든 만회해 보려고 한 시도가 일본 문화론이었다고 냉소적으로 볼 수도 있을 것이다.

그러나 '부정적 특수성의 인식'이라는 '일본 문화'의 '전근대적'이고 '비민주적'인 자기 평가에서 '역사적 상대성의 인식'의 시대까지는 어떤 의미에서 '개방'된 '일

본 문화론'이 보이는 데 비해, '긍정적 특수성의 인식'의
시기에 들어와 '일본 문화' 중심주의가 대두하여 역으로
'폐쇄'된 '일본 문화론'으로 기울어지게 된 것이야말로
'일본 문화론'의 성격을 보여 주는 것이라고 생각된다. 일
본이 세계 속에서 중요한 위치를 차지해 감에 따라서, '일
본 문화론'은 열린 보편성을 추구하기보다 특수한 일본을
'긍정'하려는 폐쇄된 방향으로 향했던 것이다. 이것은 역
설적인 현상이다. 게다가 '일본 문화론'에 대한 '긍정'도
'부정'도 항상 '외부'와의 관계 속에서 나타나기 때문에
'긍정'도 '외부의 압력'에 의해 '부정'으로 쉽게 바뀌는 경
향을 보일 수밖에 없었다.

그 중요한 이유는 '일본 문화론'의 근거를 결국 '경제'
와 '기술'(또는 그 복합체)의 '실용성'에서 찾을 수 있지만,
결코 사상이나 과학의 발달이나 내용에서는 찾아볼 수 없
기 때문이다. 일본 문화론이 외부에 약한 것은 그 자체의
고유한 가치를 갖고 있지 않기 때문이다. 그래서 '국제화'
라는 현상에 대응하려고 하자 단번에 약점을 드러내 보이
게 된 것이다. '일본 문화론'이 긍정적인 점을 강조함에
따라 '잡종'에서 '순수'를 주장하는 강한 경향을 보인 것
이다. '순수'에서 일본 문화의 고유한 가치를 말하게 되었
다. 데일이 비판한 것처럼 '언령 신앙(言靈信仰)'[57]이나

---

57) 말에 숨어 있는 불가사의한 위력. 고대인들은 그 힘에 의해 말 그 대
    상이 일어난다고 믿었다.

'간인주의(間人主義)'에서 그 '순수성'을 찾으려고 한다. 그리고 그 '순수성'을 세계의 다른 문화나 국가에서는 볼 수 없는 '독자성'이라고 주장하고 일본이 선진국이라고 할 수 있는 점이라고 스스로 평가하고 있다. 그리고 언제 부터인지 '일본 독자성'의 신화가 출현하여 사회에 범람하게 되었다.

가토 슈이치는 '잡종 문화론' 중에서 일본 문화의 '순수화' 운동에 대해 메이지 시대 이래 지식인들이 일본 문화의 '잡종성'에 보이는 반응을 보고, '순수화'를 주장하는 한 그것은 필연적으로 실패의 역사가 된다고 지적했다. 일본 문화의 순수화 운동에는 가토에 의하면 도식적으로 보아 두 개의 형태가 있다. 첫번째 형태는 일본 종(種)의 지엽을 없애고 일본을 서양화하고자 하는 염원에서 시작한 운동이고, 두 번째 형태는 역으로 서양 종(種)의 지엽을 제거해서 순수하게 일본적인 것만을 남기고자 하는 염원에서 시작한 운동이다.[58] 물론 어느쪽도 지금 '90년대'의 시점에서 보아 실패했다는 것은 가토가 예견한 것처럼 명확해졌다. '일본 문화론'의 변화 또한 그 두 가지 형태의 운동에 있음을 분명히 알 수 있다. 그것은 현재 보이는 '개국론'과 '쇄국론'에도 반영되고 있다. 그 '척박한' 진폭 속에서 어떻게 빠져나갈 수 있을 것인가가 사실은 '일본 문

---

58) 加藤周一, 「日本文化の雑種性」, pp.8~9.

화론'의 과제가 되지 않으면 안 된다.

베네딕트는 『국화와 칼』의 마지막 장 '항복 후의 일본인'에서 일본의 새로운 출발을 기대하고 다음과 같이 기록하고 있다. 1945년 10월 신 수상 시데하라 기주로(幣原喜重郎, 1872~1951)가 일본은 민주주의적인 형태를 취하고 있지만 예로부터 천황은 국민의 의지를 자기의 뜻으로 생각해 왔기 때문에 민주 정치는 그러한 정신을 나타낸다고 했던 연설을 인용하여, "이러한 데모크라시의 설명은 미국인 독자에게는 전혀 무의미, 아니 무의미 이하일 것이라고 생각되지만, 일본이 서구적인 이데올로기 위에 세워졌다기보다는 그런 과거와의 동일시에 기초하는 편이 훨씬 쉽게 시민적 자유의 범위를 확장하고, 국민의 복지를 구축할 수 있다는 것은 의심할 여지가 없다."

이 예측은 멋지게 적중하고 있다고 말할 수 있을 것이다. 또 점령군을 파견한 미국과 연합국에 대해서도 "미국이 할 수 없는 일은—어떠한 외부 국가도 할 수 없는 일은—명령에 의해 자유로운, 민주적인 일본을 만드는 것이다." 그리고 "어떠한 외국인도 그와 같은 습관이나 가정(假定)을 갖지 않은 국민에게, 그가 생각하는 대로 생활하게끔 명령할 수는 없다"고 확실히 단언하고 있다.

여기에는 '문화 상대주의'의 명확한 주장이 보이지만 이런 주장이야말로 '일본 문화론'에서 결여되어 있는 최대의 문제 의식이고 태도이다. 『국화와 칼』에서 그렇게 큰 영향을 받은 '일본 문화론'의 논자들은 '문화 상대주의'에 대해서는 거의 관심을 나타내지 않았다. 그리고 그런 태도는 공교롭게도 80년대 후반부터 본격적으로 나타나기 시작한 '구미'에서의 '일본론'에 역전된 형태로 반영됐다. 월프렌의 논문처럼 '구미'주의의 일방적인 입장에서 본 '일본 비판론'은, 세계에 통용되는 '보편적' 규칙이 결여된 일본이라는 비판에서 그런 태도를 엿볼 수 있다. 베네딕트의 입장은 그에 비하면 훨씬 '구미'와 비교하는 데 신중하며 일본에 관하여 공평하다.

거기다가 베네딕트는 다음과 같이 기술한다.

일본이 혹 군국화라는 것을 그 예산 속에 포함하지 않는다면, 그리고 혹 그렇게 하지 않을 뜻이 있다면 멀지 않은 장래에 스스로의 번영을 준비할 수 있게 될 것이다. 그리고 동양에서 통상을 위해 필요한 나라가 될 것이다.

그 경제를 평화에 따른 이익의 위에 세울 것이며, 국민의 생활 수준을 높일 수도 있을 것이다. 그런 평화스런 나라가 된 일본은 세계의 많은 나라 사이에서 명예로운 지위를 획득할 것이다. 그리고 미국이 앞으로도 계속 세력을 이용하여 그러한 계획을 지지한다면, 커다란 도움을 줄 수 있을 것이다.

이 예상도 거의 그녀의 기대를 넘는 형태로 실현되었는

데, 지금 불가사의한 힘을 지닌 베네딕트의 이러한 말은 출판 후 40년 이상이 지난 오늘날에도 신선한 울림으로 느껴진다.

『국화와 칼』에서 보이는 '일본 문화' 이해도, 또 그녀가 예증해 주는 '미국 문화'도 많은 오해와 편견을 포함하고 있다. 그러나, 그녀의 '복안적(사물을 여러 각도로 보고 검토하는)'인 접근과 '문화 상대주의'적 태도는, 실제로 '일본 문화론'에 시사하는 바가 컸으며 앞으로도 영향을 미칠 것이라고 평가할 수 있다. 클리포드 기어츠는 『국화와 칼』을 '천황제' 이해에 제일 먼저 착수한 제프리 골로, 또는 '문화 상대주의 입장'에서 오세아니아 문화를 구미와 비교하여 파악한 마가렛 미드 등의 '이문화 연구' 같은 문화 인류학적 연구로 볼 것이 아니라, 스위프트(Swift : 영국의 소설가), 몽테스키외(Montesquieu : 프랑스 계몽 사상가), 베블런(Veblen : 미국의 경제학자), W·S 길버트(Gilbert : 영국의 극작가) 등의 작품과 마찬가지로 읽어야 한다고 주장한다.[59] 『걸리버 여행기』를 쓴 스위프트는 '세상을 위로하기보다 당황하게 하며 고뇌하게끔' 책을 썼다. 그와 마찬가지 생각으로 베네딕트도 책을 썼다고 생각해도 좋을 것이다. 진기하며 '이국 취미(異國趣味)'로 채색되어 있다고 처음엔 생각해도 그녀가 보여 주는 대상에 다가갈수록 언제

59) Geertz, C. 전게서, pp.127~128.

부터인지 자신의 모습을 발견할 것 같은 '이문화(異文化)' 와 '자문화(自文化)'를 상호작용시켜 조화를 이루는 것이 진정한 '문화론'이다.

지금까지 '일본 문화론'의 변용을 전후 일본의 변화를 좇아 살펴보면서 역으로 해결해야 할 많은 문제가 나타나는 것을 느끼지만, '일본 문화론'이 너무나도 일본인을 '위로하기' 위한 것이 되어 버렸다는 점에서, 기어츠가 말하는 베네딕트류의 『걸리버 여행기』야말로 이제부터의 '일본 문화론'에서 요구되는 과제가 아닌가 하고 강하게 느끼게 된다.

7. '국제화' 속의 '일본 문화론'

　1989년은 동유럽과 소비에트를 둘러싼 정치 변화의 격렬한 파도가 동서의 냉전 완화와 베를린의 장벽 붕괴라는 극적인 이벤트를 포함하여 세계의 양상을 변화시키는 작용을 한 해였으며, 그러한 역사의 흐름에서 세계 속에서 일본의 위치도 바뀌지 않을 수 없는 상황이었다. '미일 관계'도 그다지 좋지 않은 상태인 것은 다 아는 바이며, 이 엄격한 상황을 부드럽게 할 수 있는 수단을 쉽게 찾지 못하는 것도 사실이다.

　이 해에는 그러한 일본을 둘러싼 상황을 반영하는 두 가지의 '일본론'이 외부에서 나타났다. 하나는, 이미 '일본 문제'로 '일본 비판'에 불을 붙인 월프렌(Wolfren)의 『일본 권력의 수수께끼』이며, 또 하나는 미국의 저널리스트인 제임스 펠로즈(Fallows. J.)의 『일본 봉쇄』이다.[60]

---

60) van Wolfren, K. G., *The Enigma of Japanese Power*, New York, 1989 ; Prestowitz, C. L., *Trading Places* , N. Y., 1988 ; Fallows, J., "Containing Japan," *The Atlantic Monthly*, April, 1989.

어느쪽이나 세계의 중심이 된 일본의 '닫힌' 정치 경제 시스템에 대한 비판적 해부를 목적으로 하고 있으나, 물론 월프렌의 저작과 펠로즈의 논문이 같다고는 논할 수 없다. 전자는 일본에서 '권력'이란 무엇인가를 연구한 본격적인 논고이며, 후자는 그 영향도 다분히 받고 있다고는 하지만 세계 속에서 일본의 위치를 묻는 '시국론'이다. 단지, 둘 다 문제 제기 방법상 '일본 문화론'과 닮았다고 지적하고 싶다.

'일본론'으로서 비중의 차이는 있어도 이 두 가지 다 공통적으로 '일본 문화론'(또는 일본인론)을, 일본인과 '일본 시스템'의 '이데올로기' 혹은 그 배경에 있는 사물의 접근법으로 나타낸 것이다. 월프렌의 테마는 정치 경제 시스템, 그중에서도 관료 기구의 '권력' 상황을 해명한 것이지만, 표면적으로 근대 국가의 형태를 취하면서 폐쇄적인 전근대적 시스템에 의해 움직이는 일본이라는 국가를 논하며, 거기에 작용하는 '문화'의 의미에 대해 주목할 것도 잊지 않고 있다.

월프렌은 '일본 문화론'이 '일본 시스템'의 지배적인 이데올로기의 역할을 띠고, 공적인 권위와 사회가 '일본 문화'의 본질적인 요소를 구성한다고 지적하고 있다. '문화로 치장한 권력'이라고 월프렌은 말하지만, '일본 문화론'이 제시하는 것과 같은 '일본 문화'가 권력 지배의 정신적인 메커니즘이 되어 있다는 것이다. 이것은 '일본 문화론'은 '권력론'이며, 그것은 자문화 중심주의에 의한 '파시즘' 론이라는 피터 테일의 주장과 비슷하다.

월프렌은, "일본인에 의한 일본 사회론에서 일본인론의 영향으로부터 벗어난 것은 거의 없다"라고 단정하고, "일본인론은 일본인이라는 이데올로기를 방어하기 위한 것, 개인을 중시하는 서양인의 개념이 침입하는 것과 서양적인 정치적 주장, 그리고 일본의 정치 시스템에 대해 서양적 윤리, 법이 미치는 위협을 방어하기 위한 것이다"[61]라고 말한다.

일본의 정치 경제(산업) 시스템이, 서양 여러 나라와는 달리, '민주주의'와 '개인주의'와 '공평한 시장 시스템'을 세계 공통의 시스템으로 인정하지 않는다는 점에서, 일본은 서구 근대 국가와는 범주를 달리하는 국가이기 때문에, 서구 여러 나라가 자기들이 서 있는 바와 같은 지평에서 승부하려 해도 아무 소용없는 것이다. 똑같은 규칙 위에서 서구 여러 나라가 일본과 승부하려 한다면 역으로 그 이점만을 이용당하고 만다는 것을 월프렌의 주장에서 볼 수 있다. 그리고, 이 선진 근대 국가 그리고 서구 여러 나라와 공통된 규칙으로 같은 경기에 참여하지 않는 국가로서, 일본의 권력 기구를 구성하는 사람들의 정신적 지주를 형성하는 것이 '일본 문화론'이라고 말할 수 있다.

---

61) van Wolfren, K. G., 전게서, pp.210~220.

펠로즈도 월프렌과 같이 일본에 대한 비판점은 같지만, 미일 관계에 중점을 두고 양국의 '다른 점'을 설명함으로써 일본은 미국 정부나 일반 미국인이 생각하는 것처럼 서방측 자유 국가들의 공통된 법칙을 따르는 파트너라고는 할 수 없다고 주장한다. 일본의 정치 경제 시스템과 국가 목표가 구미 여러 나라와 다르고 '자유 시장'을 존중하지 않는 태도를 토대로 하고 있는 이상, 이 점은 생각지도 않고 같은 자유주의 경제 체제의 규칙을 따르는 경쟁 상대로 보고 있다면, 미국은 완전히 지고 말 것이다. '일본은 미국이 준수하고 있는 규칙을 전혀 지키려는 기색을 보이지 않으므로, 정상적인 상대로 생각하는 것이 이상하다'라는 논조로 펠로즈의 '일본 비판'은 전개된다. 외견뿐인 자유주의 경제와 민주주의적 자유 시스템의 뒤편에는 일본인 중심주의적인 국가 에고이즘이 있고, 이것은 구미 여러 나라가 공통된 '세계 시스템'을 만들어 같이 지키려고 하는 태도에 역행하는 것이다.

펠로즈는 이와 같은 비판을 한 뒤에, 내외를 구별해서 사용하는 일본의 경제 정책을 종합하여 "일본은 무역 정책의 이중 기준에 대해서 어떻게 무관심할 수 있는 것일까. 이것은 일본인의 정치 생활에서 궁극적인 가치—혹은 반대로 그것의 결여와 관계되는 것임에 틀림없다"라고 말하고 그것을 파헤치기 위하여 '일본인론'의 융성에 주의를 요청한다.

펠로즈에 의하면 '일본 문화론(일본인론)'의 문제점은 "그 설명 방법이 인종주의적이건 정치적이건 현대 일본의 여러 제도와 가치관은 굉장히 이상하며, 대다수의 경우 일본이 일방적으로 성장하는 것을 억제시키는 작용을 하기가 더욱더 어렵다. 더 나아가서 그 결과로 나타나는 중요한 포인트 중 하나는 일본이 다른 세계 여러 나라에 대해 가지는 정서적 유대 관계가 결여되어 있다"는 데 있다. "어떤 사회나 어느 정도는 자기 도취적이지만 일본은 다른 나라들보다도 정도가 심하다"라고도 지적한다. 일본이 국제 사회에서 고립되는 상황을 일본 자체의 국가 목표가 애매하기 때문이라고 비판하고, 그 예로 일본과 다른 외국과의 사이에서 논쟁을 일으킨 몇 가지 경우를 예로 든다. 예를 들면, 대외 원조를 늘리라는 대일 요구, 아시아에서의 노동력 입수 문제, 남아프리카와의 교류, 대 이스라엘 무역에 대한 보이콧 문제 등을 검토하면서, 일본이 정책을 바꾸는 데 대해서는 '옳고 그른' 판단이 서지 않고, 오로지 그렇게 하지 않으면 일본이 '비판당한다'거나 '…하도록 기대되고 있다'라는 '외부'에 어떻게 보이는가 하는 판단에만 관심을 기울여 정책을 입안하므로 바로 여기서 일본인에게는 '보편적인 원리'가 희박하다는 사실이 드러난다고 지적한다. 펠로즈는 이렇게 설명하고 "일본인들은 자기들의 생활이 다른 나라의 국민 생활과 똑같다는 생각을 하지 못한다. 그들에겐 그러한 생각을 하도록 만드는 신념이 약하다. 과거에 수많은 외국인들이 보고한 데 따르면 일본인의 삶에서 명예와 규율은 굉장히 개인적인 것으로, 충성—주군, 일족의 명예에 대한, 그리고 현대에는 회사에 대한 충성—에 기본을 두고 있다. 이것은 자비, 민주주의, 사해 동포 등의 추상적인 원리와는 어긋나는 것으로, 거기에서 나오는 것은 당연히 어긋난 종류의 행동들이다", 그리고 "도의적인 행동 근거에 대한 사고 방식의 차이, 이것이 아마도 일본과 서양을 비교했을 때 가장 근본적인 대조를 보여 주는 점일 것"이라고 말하고 있다.

월프렌도 펠로즈도 '일본 문화론'의 융성에 자극받고 있지만, 일본인 및 '일본 시스템'에서 보이는 '보편성' 결여의 이유로는 '일본 문화론'이 주장하는 '긍정적 특수성의 인식'에서 주장하는 논점을 들고 있는 것이다.

이러한 비판에 대해서는 '일본 문화론자'가 아니라 해도 여러 가지 반론이 있을 테지만, 찰머스 존슨이 펠로즈의 '일본 봉쇄'론에 대해 미국의 대일 정책에서도 큰 의미를 가진다고 평가하는 점에서도 알 수 있듯이, 90년도에 들어서서 국제 환경의 급격한 변화 속에서 펠로즈적 논조는 일본에서 무시할 수 없는 현실적 중압감이 되어가고 있다.

존슨은 다음과 같이 말한다.

1947년 5월, 조지 케난이 처음으로 소련에 대한 '봉쇄'

의 독트린을 제기했다. 1989년 5월, 상원위원회의 증언에서 케난은 "러시아 혁명은 지금 끝을 맺고, 그와 함께 냉전도 종식됐다"고 말했다. 그런데 같은 달 *Atlantic Monthly*에서 펠로즈가 '일본 봉쇄'를 제창하였다. 케난 또는 펠로즈의 분석에 대하여 최종적으로 어떠한 결론이 내려지든 이런 분석이 제각기 그 시대의 미국 외교 정책의 기본적 쟁점을 명시하고 구분하는 데 도움이 된다고 나는 믿는다.[62]

이는 1990년 3월의 강연에서 한 말이다. '미일구조협의'에서 미국측이 일본에게 요구한 '일본 시스템'의 변화도 존슨의 주장을 입증하는 것처럼 보인다. '긍정적 특수성의 인식'의 시대에 '일본 문화론'에서 보이는 일본의 독자성 주장은 90년대에 들어서자 반대로 '부정적 특수성의 인식'이라고 비판받았다. 펠로즈는 일본 문화론이 세계에서 일본의 고립을 증대시키는 작용을 한다지만, 이것은 일본 문화론에 대한 강렬한 반응이라고 말하는 것이 옳을지도 모른다.

이러한 반응은, 월프렌의 책을 서평한 영국의 일본 연구자 스톡윈이 "일본이 특별하고 서양의 논리 체계로서는 이해할 수 없다고 반복해서 시사하고 있는 것은, 그가 솔직하게 비판하고 있는 일본인론적이라고 이유를 붙인 스

---

62) 찰머스 존슨, 「對日政策の焦點はもはや安保ではない」, 西岡公 역, 『中央公論』, 1990년 5월호.

타일에 불행하게도 자신도 가까워지고 있다"[63]라고 비판하고 있듯이, 이미 이 책에서도 다룬 일본 문화론의 역작용이라고 읽을 수 있다.

하지만 안타까운 것은 이 주장이 원래의 론(論)과 똑같이 베네딕트가 가지고 있었던 복안적 시점을 크게 결여하고 있다는 점이다. 이문화 이사회론적(異文化 異社會論的)인 테일이나 월프렌, 펠로즈의 일본론 또한 일본 문화론자의 대부분과 마찬가지로 닫혀진 논의 속에서 원점을 도는 인상을 줄 뿐이다.

구몬 슌페이와 공저자들이 전개한 '사회 발전론'이 빠져 있는 점도, 구미 중심주의와 함께 너무나 일방적 또는 일원적인 양상을 보여 준다는 지적을 받을 수밖에 없다. 사회나 국가의 어떤 자세가 앞으로의 인류 사회에서 보다 나은 발전성과 가능성을 갖는 것일까 하는 시점을 찾아내지 못하는 것이다.

월프렌이나 펠로즈의 입장과 똑같은 논조들이 흔히 일본 때리기라고 불리며 극히 일반화되어 가고 있다. 그 대부분이 경제 마찰, 무역 문제를 논의하면서도 미일구조협의에서 볼 수 있듯이 일본 시스템 전체에 미치고 있으며 또한 일본 문화론을 참조하고 있다. 거기다가 그 반응은 펠로즈적 견해로 구성되어 있고, 일본 문화론을 일본 중심

---

63) Stockwin, J., *Book Review of van Wolfren : The Enigma of Japanese Power*, T. L. S., April 28 ~ May 4.

주의, 자문화 중심주의적인 일본인의 태도를 이루는 배경
이라는 것, 즉 일본 권력의 이데올로기라고 파악하고 있다.

　다시 반복하지만 참으로 공교로운 혹은 역설적인 것은
이러한 '일본 때리기' 논조의 대부분이 극히 일원적인 비
판과 비난으로 일관하고 있으며, 그 태도는 '긍정적 특수
성의 인식'을 기본으로 한 일본 문화론의 이면적 성격을
보여 주고 있다는 것이다.

　일반적인 문화론자와 마찬가지로 그들은 서양 내지 구
미 대 일본이란 일원적인 도식을 세워 논점을 주장한다.
게다가 이 경우 구미는 전제로만 존재할 뿐이고 실질적인
분석은 하지 않은 채 일본의 보편성 결여를 비판하는 형태
로 논의가 전개된다. 여기서 볼 수 있는 일방적인 태도는
일본인뿐만 아니라 다른 나라의 양식 있는 사람들까지도
납득하지 못할 게 틀림없다.

　근대의 비서구 문화 연구를 그처럼 일방적인 서양 중심
주의적 태도로 행하여 온 경위는, 굳이 사이드의 '오리엔
탈리즘'을 끄집어내지 않아도 비서양 세계는 현실적으로
실감하고 있다.[64] 그렇지만 '일본 때리기'에는 일본을, 침
략하려는 가해자로 상정하여 미국이나 서구를 방어한다
는 뒤바뀐 인식 위에 논리를 세웠다는 면이 있기 때문에
오리엔탈리즘 일반과는 성격이 상반된다. 전후 일본의 문

---

64) Saide, E., *Orientalism*, N. Y., 1976.

화와 아이덴티티의 변용을 좇아 고찰한 바에 의하면 진정 기묘한 음화(陰畵 : 실물과 명암이 반대가 되어 있는 화상)로 비쳐진다.

이처럼 특히 70년대에 일본 문화론이 융성한 것은 외부에서 똑같은 논리를 반대로 해석한 일본 비판론이라는 사생아를 분만했다고 말할 수 있다.

'긍정적 특수성의 인식'은 경제 대국으로 자기를 확인하는 지주가 되었고 80년대 후반에 들어와서는 일본이 해외로 과다하게 진출하게 되어 반대로 일본에 대한 외부의 '부정적 특수성의 인식'을 유도해 냈다. 이는 참으로 대단히 역설적인 현상이며 또한 국제 사회에서 일본의 지위와 일본인이란 무엇인가를 외부에서 묻는 엄격한 시선에 의한 반응이다. 이 현상은 월프렌과 펠로즈가 반응한 것처럼 문화론 마찰의 시작이라고 말할 수도 있을 것이다. 그런데 이러한 사태에 직면하면 베네딕트가 문화 상대주의의 입장에서 쓴 『국화와 칼』이 주는 교훈의 깊이가 느껴져, 복잡한 기분으로 『국화와 칼』에서 보이는 일본 문화론의 시점 중에서 유보될 사항이 많이 있었다고 하더라도, 이 책이 기본적으로 재평가되어야 한다고 생각하게 된다. 하지만 소비에트 동구의 움직임, EC 연합 성립의 흐름 그리고 통일 독일 국가 건설의 움직임도 격렬해진 90년도의 국제 정세 속에서, 일본 문화론을 논하는 것 또는 일본인이란 무엇이고 일본 문화의 특성은 어디에 있는가와 같은 질문을 자문하는 의미를 다시 한 번 생각하지 않으면 안 된다.

　마지막으로 국제적으로 세찬 변화가 보이는 데 대해서 문화론의 일반적 측면에서 고찰을 덧붙이도록 하겠다. 문화론적으로 보았을 때 현재 일어나려 하는 세계 정세의 변화에는 기본적으로 두 개의 방향이 있다. 첫번째로 80년대에 들어와서 미국과 서구에서 세계를 보는 시점에 기본적 수정이 차차 일어나기 시작한 점이 지적된다. 그 특징은 반(反) 문화 상대주의를 향한 흐름이라 불러도 좋다. 20세기 제1차 세계대전 후의 세계는 민족 자립과 신 국가의 출현을 가져왔다. 오래된 제국은 해체되고 지역이 독립을 외쳤다. 많은 지역이 독립하고 새로운 국가가 출현했다. 제2차 세계대전 후 식민지에서의 해방도 가속도를 더하여 세계는 서구 유럽 중심에서 미국과 소련의 패권주의 시대로 바뀌지만 그 과정에서 확실히 세계 각지의 민족과 문화의 가치와 그 독자성에 대한 상대적 인식은 깊어 갔다. 더 나아가 1960년대 후반부터 2대 강대국의 약체화(정도의 문제는 있지만 부정할 수 없는 사실이다)가 조금씩 진행되어 세계는 문자 그대로 다원적 시대로 들어갔다. 새로운 국가는 문화의 독자적 아이덴티티를 추구하여 국가를 만들었고 종교와 언어, 생활 양식 등에 포함된 독자적 가치를 주장해 왔다. 서구 중심주의는 일본의 대두도 한몫을 해서 이제는 과거의 것이 되었고, 세계를 파악하는 기본적 입장은 일찍이 서양 근대 절대주의에서 문화 상대주의로 전환되었다. 세계 각지에 존재하는 각각의 문화는 독자적인 가치를 가지고 있으며 어떠한 사람도 그것을 함부로 침범할 수 없다는 것은 유엔의 이념에 기초한 사고 방식이다. 일본인은 일본 문화에는 타문화와 비교해도 손색없는 독자적 가치가 있다고 믿고 있고, 이것은 다른 거의 모든 나라 사람들에게도 마찬가지이다.

세계는 근대 유럽과 미국에 의해 제시된 가치관만을 절대적으로 지지하던 방식을 이미 포기하고 각각의 문화 가치를 서로 존중하면서 공존해 나가는 방향으로 향해 왔다. 그것은 베네딕트 등이 주장했던 '문화 상대주의'의 일반화였다고 말할 수 있다.

그러나 80년대에 들어서자 미국과 서구 내부에서 이러한 '문화 상대주의'를 반대하는 의문이 제기되었다. 서구 여러 나라는 너무나도 자신들의 가치를 지나치게 상대화하는 경향에 빠져 버렸다. 이제 20세기도 끝이 나려는 지금, 믿을 수 있고 견고한 보편주의적인 이념은 결국 비서구 세계로부터는 태어나지 않았다. 그 대신 서구 근대가 만들어 냈던 이념과 제도를 잣대로 인류의 보편적인 가치를 평가하고 다시 한 번 원점으로 되돌아가 세계를 파악해야만 한다라는 주장이 강하게 제기되어 왔다.

이것은 학계나 언론계에서 일제히 제기해 왔던 서구 근대주의의 재조명과 거기서부터 세계 본연의 모습을 문제삼은 '새로운' 사고 방식이고 지금까지 주도권을 쥐어 온 상대주의로부터 반상대주의, 즉 새로운 보편주의로의 전환을 의미한다.

이런 관점에 선 미국의 평론가 '앨런 블룸'은 베스트 셀러였던 *The Closing of American Mind*(1987년)에서 '문화 상대주의'를 미국의 고등 교육을 황폐화시킨 모든 잘못의 근원이라고 비난하고 있다. 블룸만이 아니고 이러한 경향은 80년대에 들어서면서 확실히 볼 수 있게 되었고 역으로 지나치게 비난하는 데 대한 경계를 외치기 시작했다. '클리포드 기어츠'가 '반문화 상대주의'가 지나치게 횡행하자 미국 인류학회의 기념 강연으로 '반·반문화 상대주의'를 논했을 정도이다.65) 물론 80년대에 출현한 '일본 다시 보기'론도 결국 '수정주의자'의 일본 연구와 '일본론'에서, 이 '반문화 상대주의'의 흐름 속에서 나왔다고 하는 것을 나타낸다고 할 수 있다.

결코 갑자기 '일본 이질론'이 나온 것은 아니다. 세계를 파악하는 큰 흐름의 변화(미국과 유럽에서) 속에서 '일본 다시 보기'론도 나타나고 그 배후에는 서양 그리고 미국의 근대 이념의 재평가, 혹은 그것으로 '회귀'하려는 패러다임의 전환이 존재하는 것이다. 이는 '구미' 세계에서 세계

---

65) Bloom, A., *The Closing of American Mind*, N. Y., 1987 ; Geertz, C., "Anti-Antirelativism, The distinguished lecture," *American Anthropologist*, 1984.

를 파악하는 이념의 근본적 변화이고, 또한 그와 연동하여 현실에서 보이는 정치적 태도의 변화이기 때문에 중요한 문제이지만 지금까지 일본에서는 거의 다루고 있지 않는 문제이다.

더욱이 그 경향은 '자유화·민주화'를 표방하는 소련과 동유럽 여러 나라의 혁명 움직임과 함께 더욱더 '확신'을 가지고 진행되고 있고, 서양 근대주의를 기준으로 그와 반대되는 이념과 제도는 엄격히 비판하는 정치적 태도로 나타나고 있다. 고르바초프의 '페레스트로이카'는 일찌감치 이 변화에 대응하는 것이었다고 말할 수 있다. 이 변화 속에서 부르짖는 주장은, 말하자면 프랑스 혁명 2백 년 유산이 계승되고 있다는 점을 확인시켜 주는 것이다.

이는 20세기 말에 출현한 '노스탤지어'의 측면도 가지고 있지만 '자유'·'평등'·'박애'의 슬로건에 제시된 근대 시민 사회 이념의 재확인이라는 점은 '일본론'에 반영되지 않을 수 없다. '월프렌'의 '서구'는 이러한 '이념'을 재현하는 사회이고 규칙이기도 하다.

그러나 이러한 '서구 중심'적인 보편주의의 '부활'과 동시에 별도의 움직임도 현재화해 왔던 것을 잊어서는 안 된다. 소련의 페레스트로이카와 글라스노스트(정보 공개)의 결과 외부 세계에 드러났던 면 하나는 심각한 민족간의 대립 문제이다. 마치 불을 토해 내는 것처럼 거칠게 불기 시작한 '민족 자립·지역 독립'의 외침은 태풍처럼 사나

워져서 모스크바 당국의 설득과 진압으로도 수습될 것 같지 않다. 또 동유럽의 여러 나라에도 민족 대립이 뿌리깊게 존재하고 있는 것은 잘 알려져 있다.

지금까지 사회주의 국가 건설이라는 '보편주의'적 이데올로기에 의해 '민족 문화'와 '지역 문화'의 '독자성' 주장을 억압한 것에 이제 일제히 반발하기 시작했다. 마르크시즘 이론에서 '민족과 문화' 문제를 자리 매김하려는 노력이 약한 것은 자주 지적되었지만 요즈음, 드디어 모스크바 당국도 '민족 문제'가 존재하는 것을 공식적으로 인정하지 않을 수 없게 되었다. 이것은 사회주의 체제에서 획기적인 사건이다.

그 결과 아직 해결되지 않은 어려운 문제는 많이 존재하고는 있지만 소련·동구의 '사회주의' 블록에서 비로소 '민족·문화·지역'의 '독립성'과 '가치'를 존중하는 '문화 상대주의'가 싹트게 된다. '문화 상대주의적' 견해를 파악하지 않는다면 이들 지역에서는 사태가 수습되지 않을 것이다. 사회주의적 절대주의, 일원주의가 무너지고 상대주의와 다원주의로의 전환이 계속 행해지고 있다. 이 '현실'은 이미 부정할 수 없는 무게를 가지고 있고, 90년대부터 다음 세기에 걸쳐 '문화 상대주의'는 이들 지역에서 세계 인식과 사회 건설의 기본이 되지 않을 수 없었으며 이것은 먼저 기술한 '구미'의 움직임과는 다른 방향을 제시하고 있다. 이 경향은 90년대를 통해 멈추지 않는 큰 흐름이 되었고, 결국 중국이나 아시아에도 영향을 미칠 것이다.

그와 함께 주목할 점은 서구 내부의 움직임이다. EC 연합체의 출현으로 인해 필연적으로 지금 현존하고 있는 '국민 국가'의 국가 틀이 약해지지 않을 수 없다. 국경이 철거되는 것과 마찬가지므로 이제까지의 영국, 프랑스, 이탈리아 같은 '국가의 틀'도 약해지지 않을 수 없다. 대처 영국 수상이 EC 공화국에 대해 비판적 태도를 취하는 것은 이 흐름과 깊이 관련된다. '국가' 혹은 '국가주의'가 낡은 정치적 태도가 될 수밖에 없는 것은 '시대의 흐름'일지도 모른다. 그러나 과연 어떻게 전개될 것인가? 다만 유럽의 이 흐름도 멈출 수 없는 듯이 보인다. 그러한 움직임 안에서 유럽 각지의 '지역성'이 보다 중요한 의미를 띠게 된다. 지금도 국경 지대에 있는 지역에선 대립과 분쟁이 끊이지 않고 있지만 EC 연합체는 '국민 국가' 성립 전의 '지역주의'를 어느 정도 부활시킬 것이다. 여기서도 '민족, 문화, 지역'의 독자성과 개개의 가치를 존중하지 않으면 잘 융화해 나가지 못할 것이다. 말할 나위도 없이 서구 세계는 뛰어난 다민족, 다언어 세계로, 역사적으로 보아도 지역의 독립성 주장이 강하였다. 엄밀히 말해 독일이나 이탈리아가 국민 국가로서 얼마나 정확하게 성립하였는가에는 의문이 생긴다. 이렇게 보았을 때 구미 여러 나라에서 '반문화 상대주의'의 커다란 흐름이 있었다고 해도, 사회주의 국가들에서는 반대로 처음으로 문화 상대주의의 움직임이 태동하기 시작하였고 EC 연합체 내부에서도 같은 움직임이 활발하게 보인다.

이러한 두 가지 움직임, 즉 보편성을 강하게 주장하는 움직임과 개별성을 강하게 주장하는 움직임은 중층적으로 진행하고 있고 어느쪽이든 일본이 세계 속에서 갖는 입장에 영향을 미치고 있다.

이념상 서구 근대주의의 재평가가 소련, 동유럽 여러 나라도 포함하여 구미 여러 나라에 공통된 경향이라는 점은 확실하고, 그 공통 인식 속에서 각 민족, 문화, 지역의 독자성과 가치의 상대적 인식이 깊어지는 것이 지금 세계의 주조음이다. 물론 이 주조음을 크게 울려 퍼지게 하는 것은 세계라고는 해도, 주로 유럽 담당이다. 세계는 통일을 향한 독일의 움직임을 포함하여 유럽의 움직임을 무시할 수 없기 때문이다.

일찍이 EC 공동체의 제창자인 쿠덴호프 칼레르기 백작은 샌프란시스코에서 블라디보스토크까지를 포함한 대유럽 구상을 세웠는데 1989년대 유럽의 움직임 속에서 이 말이 자주 인용되었다. 또한 고르바초프 대통령은 '유럽 공통의 집'이라는 제안을 하였다. 다민족, 다문화, 다언어의 광대한 지역을 포섭하여 보편성을 유지하려는 발상을 여기서 엿볼 수 있다. 고르바초프 대통령의 제안에 대해서는 소비에트 내부의 아시아를 어떻게 자리 매김하려 하는

가 하는 반론도 예상되지만 이 문제도 블라디보스토크까지를 넣는다면 해결될 수 있다.

보편성과 개별성의 균형이야말로 지금 세계에서 가장 요구되는 사항이다. 일본 문화의 독자성을 주장하는 일도 필요한 부분이고, 일본인의 문화적 아이덴티티를 강조하는 일도 앞으로의 세계에서 필요하겠지만 일본 문화론은 지금보다 열린 보편성을 향하여, 세계를 구축하는 보편 이론의 일부가 될 수 있도록 전개되어야 한다.[66]

또한 이제부터 점점 더 강해지리라고 생각되는 일본 비판론에도 조용히 귀를 기울여 그 비판을 흡수하고 역으로 일본 문화론의 비료가 되도록 열린 수용성을 갖추어야 한다. 일본 특수(이질)론 형태의 일본론이, '긍정적 특수성의

---

66) 프랑스 혁명 200주년(1989년 7월)을 계기로 한 듯이 불어대기 시작한 소비에트 동구의 자유화, 민주화 운동과 그 격렬한 정치 변혁은 새삼 서구 근대가 보여 주는 가치와 시스템의 보편성과 타당성을 고취하는 것처럼 보인다. 프란시스 후쿠야마는 이 현상을 가리켜 '역사의 종언'이라고 한다(Fukuyama, F., *The End of History*, National Interest, Samner, 1989). 그러나 서구 근대의 현대성은 구미 제국에서 보이는 것 같은 사회 문제나 그 외의 많은 난제를 포함하고 있어서 앞으로의 세계에서 보편적 모델이 될 수 있는지 어떤지는 결코 용이하다고 말할 수 없다. 그러나 시민 사회의 실현(인권, 언론의 자유, 민주적 시스템 등)은 세계의 현실 속에서 아직 커다란 의미를 지니고 있다. 일본도 그런 점에서 많은 문제를 안고 있다는 점을 인정할 필요가 있다. 이러한 점에 입각한 큰 전망(아시아의 현실에 입각한)을 지닌 논점이 제출될 필요가 있을 것이다. 문화의 보편과 개별 문제를 이러한 상황 속에 두고 다시 일본 문화론을 논할 필요가 있다.

인식'을 바탕으로 하는 일본 문화론의 기형아라고 한다면 이 기형아의 행동을 파악해 두는 것이 현재의 일본인에게 필요한 일이다. 이것은 일본 문화론을 보다 발전적으로 만들어 나가게 해 줄 것이다. 즉 이를 타산지석으로 삼아 국제화의 격렬한 움직임 속에서 일본 문화론이 빠져 있는 악순환의 고리에서 벗어나면, 90년대부터 다음 세기로 이어나가는 일본인이 지주로서의 역할을 적극적으로 완수하는 것이 가능하게 될 것이라고 생각한다.

맺음말

　일찍이 60년대 말에서 70년대에 걸쳐서 일본 문화론이 성황을 이룰 때, 문화인류학을 전공하는 동료들과 '일본 문화론'을 저술하는 일만은 하고 싶지 않다고 이야기한 적이 있다. 일본 문화론의 저자들 중 많은 사람이 문화인류학자이며 그 태도가 자문화 예찬에 가까운 것이라는 점에서 무언가 생리적인 혐오감을 느꼈다. 이문화의 이해와 연구에 적극적으로 앞서 나가야 할 사람들이 자문화(일본 문화)론을 자문화를 옹호하는 입장에서 썼다는 일에 대해서 일종의 배신감을 느꼈던 것이다.

　그러나 그 후 필자가 해외로 연구 조사차 나가서, 이문화 속에서 경험을 쌓아 감에 따라 자문화에 대해 강하게 의식하게 되었다. 일본 문화라는 테마가 새롭게 불가피한 중요성을 지니고 나타나게 되었다. 일본은 동남아시아에서도 미국에서도 경제 대국, 비서구 세계에서 '근대화'에 성공한 유일한 나라, '아메리카나이즈'(서구화)가 앞선 사회, 전통과 현대가 기묘하게 섞여 발전한 나라 등등 이런 식으로 사람들로부터 불리고 일본이라는 나라의 문화와 아이덴티티에 대해 질문받는 경우가 있었고, 질문을 받을 때마다 어떻게 대답하면 좋을지 필자 자신의 문화와 아이덴티티도 포함시켜서 고민하였다. "일본 문화란 무엇인가", "일본인의 아이덴티티는 어디에 있는 것인가"와 같은 큰 질문에 대해 쉽게 대답할 수는 없다고 해도 확실한 대답을 준비하지 않으면 안 된다고 느꼈다.

게다가 일본의 대학에, 필자에게도 많은 외국 유학생이 오게 되었다. 그들은 일본의 대학에서 문화인류학을 연구하고 있지만, 사용하는 텍스트의 대부분은 영어와 프랑스어인 '서양어'로 되어 있고 이론과 방법도 정통적인 문화인류학 학습으로 구미에서 작성된 것이었다. 일본어를 잘하는 동아시아에서 온 유학생과 영어 텍스트를 읽는다는 것도 대단히 복잡한 의미가 있고, 일본 문화에 대해 논의하는 경우에도 깊은 의미가 있다. 국제적인 연구 활동의 장으로 일본의 대학은 아직 한 발자국도 내딛지 못하고 있는 상태에 있지만 제도적, 조직적인 문제와 함께 거기에는 복잡하고 깊은 문화적인 문제도 있다는 것을 알아차리지 못하고 있다. 그것은 일본의 학문에서 '문화와 아이덴티티'를 질문받았을 때이다.

게다가 이와 같은 경험 속에서 느끼지 않을 수 없는 것은 이문화와 자문화를 불문하고 인간은 문화에 관하여 항상 과잉 상태가 된다는 사실이다. 일본의 근대에는 '외국을 존경하고', '외국을 배척하는' 두 개의 사이클이 회전하고 있지만, 자문화뿐만 아니라 타문화에 대해서도, 이국인에게 대해서도, 사람은 평정한 마음 자세를 견지하지 못한다. 외국에서 일본 문화를 과도하게 선전하거나 방어하기도 하며, 거의 가공에 가까운 일본 문화를 그 속에서 그리고 있는 일본인도 많고 반대로 이문화 예찬에서 모멸로 너무 쉽게 전환하는 것도 볼 수 있다. 이문화의 환경 속에 있으면 자문화의 독자성을 주장하고 싶어질 것이다. 동시에, 구미 문화 앞에서 자기 비하에 빠지는 예도 많이 있어 불필요한 저자세를 보이는 사람도 많은 것을 자주 볼 수 있다. 서문에서 인용한 나쓰메 소세키가 맛본 고달픔은 지금 다시 본질적으로 일본인의 것이기도 하다. 자문화의 과잉 방어는, 민족 분쟁과 문화 마찰의 원인이 되지만, 문화는 태어남과 동시에 존재하는 것이기 때문에 논리만 가지고는 어떻게 할 수 없는 측면이 있다. 일찍이 필자가 연구해 온 스리랑카에서의 민족 분쟁을 시작으로 세계 각지에서 일어나는 문화의 충돌을 보고 문화의 부정성을 논하였지만, 일본 문화론의 변화를 전체적으로 조망하면 알 수 있듯이 자문화에 대한 긍정과 부정은 그것이 논리적이라기보다도 다분히 감정적인(혹은 이데올로기적인) 성질을 갖는 것이기 때문에 항상 정치적으로 위험한 작용을 한다. 자문화 중심주의, 이문화 배척, 인종 차별 등과 결부되는 경향이 강한 것은 그 때문이다. 20세기는 민족과 문화를 둘러싸고 큰 비극을 여러 번 경험하였음에도 불구하고 근 10년간을 바라볼 때 세계에서 가장 큰 문제인 민족 문제가 아직도 해결되지 않고 있다는 사실은 도저히 말도 안

나올 정도이다. 과학, 기술은 진보하더라도, 문화와 인간은 변함없이 그 자리에서 맴돌 뿐이다. 독일의 작가 토마스 만은 일찍이 나치 독일이 붕괴한 직후 망명했던 미국에서 한 강연 '독일과 독일인'에서 다음과 같이 진술하였다.

여러분, 내가 지금 여러분에게 대략 개괄적으로 말씀드린 것은, 독일의 내면성의 역사입니다. 그것은 음울한 역사입니다. 나는 이것을 음울이라고 부르고, 비극이라는 말은 쓰지 않습니다. 불행을 자랑삼아 내보여서는 안 되기 때문입니다. 이 역사는 한 가지 일을 우리에게 가르쳐 줄 것입니다. 그것은 나쁜 독일과 좋은 독일 이렇게 두 개의 독일이 있는 것이 아니라는 것, 독일은 하나뿐이며, 그 최량의 독일이 악마의 책략에 걸려 나쁜 독일이 되었다는 것입니다. 나쁜 독일, 그것은 길을 잘못 들어선 좋은 독일이고, 불행과 죄와 파멸 속에 있는 좋은 독일입니다. 그래서 죄를 범한 나쁜 독일이 되었다는 것입니다. 그러니까, 죄를 범한 나쁜 독일을 완전히 부인하고, "나는 좋은 독일, 청렴 결백한 정의로운 독일입니다. 나쁜 독일을 나는 여러분들이 멸망시키기를 부탁합니다"라고 선언하는 것은 독일을 정신적인 고향으로 여기는 인간에게서는 전혀 불가능한 일입니다.

달리 말씀드리자면, 내가 어려운 시대에 그런 글을 쓴 것은 독일의 자기 비판의 한 편린이었습니다. 그리고 내가 그 일을 하였기 때문에 독일의 전통에 그야말로 더할 나위 없이 충실히 따른 것이 되는 것입니다. 종종 자기 혐오라든지 자기 저주에까지 이르는 자기 비판 경향은 그야말로 독일적입니다. 그리고 이 정도까지 자기 인식의 소질을 갖는 민족이, 동시에 세계를 제패할 생각을 하였다는 것이 어떻게 가능한 것인지는 앞으로도 영원히 이해할 수 없을 것입니다.

다름이 아닌 독일의 최고의 자질과 욕구에 최대 행운의 가능성을 부여하는 사회적 세계 개혁의 길이, 나치즘을 청산함으로써 열렸을지도 모릅니다. 세계 경제, 정치에서 국경선이 가지는 의미가 감소하고, 국가 활동 일반이 일종의 비정치성, 인류가 세계 국가를 처음으로 목표에 내건 일— 시민적 민주주의를 넘는 이러한 모든 사회적 휴머니즘을 위해 지금 큰 노력을 하고 있지만, 어떻게 이것이 독일의 본질과는 무관하고 상반된 것일 리가 있습니까? 독일인의 세계에 대한 내향성 속에는 항상 그만큼의 세계로의 욕구가 내포되어 있었던 것입니다. 독일을 나쁜 독일로 만든 고독감의 근저에는—누가 모를 리가 있을까요—사랑하고 싶다고 하는 소원이, 사랑받고 싶다고 하는 소원이 있는 것입니다. 독일의 불행은 결국은 인간이기 때문에 느끼는 일반적 비극성의 범례에 지나지 않습니다. 독일이 이렇게도 절실히 필요로 하는 은총은 우리 모두가 필요로 하고 있는 것입니다.

인용이 길어졌지만, 일본 문화론에서 지금 요청되고 있는 것은 토마스 만이 여기서 통절하게 호소하는 '독일의 불행'에서 보이는 '특수성'과 '보편성'을 그대로 일본 및 일본인 문제로 세계에 제시하는 일이다. 이렇게 국제적으로 제창하는 목소리를 히로시마와 나가사키 원폭 투하 이후에 하지 못했던 일이야말로 우리들의 불행이라고 생각한다. 토마스 만의 이 말은 통일을 이루어 나가는 현재의 독일에 큰 의미를 지닐 것이다. 마지막으로 현대의 한 망명 작가의 말을 인용하고 싶다. 인도 파키스탄의 이슬람 가족에서 태어나 영국에서 살며 영어로 작품을 발표하는 샐먼 루시디는, '수치'를 파키스탄 문화의 핵심적인 요소라고 하며 다음과 같이 기술한다.

이 수치라는 말은… 아니 나는 이 말을 원어로 쓰지 않으면 안 된다. 틀린 개념과 뉘우칠 줄 모르는 과거의 누추한 시해에 오염된 이 특수한 언어, 나에게 사용하도록 강요하고 그렇기 때문에 적힌 글이 영원히 변질되어 버리는 '영어'에 의해서가 아닌…sharam—이것이 그 원어이다. 역어로서 그 빈약한 shame이란 단어를 사용하는 것은 완전히 엉터리 번역이라 하지 않으면 안 된다… 짧은 단어이면서도 백과사전에 실릴 정도의 뉘앙스를 갖고 있는 단어…shame뿐만 아니라 낭패, 좌절감, 근신하는 기분, 지루함, 미안함, 영어에서는 해당하는 단어를 찾을 수 없는 방언적 감정이다. "shame의 반대말은 무엇인가. sharam을 빼고 나면 그 후에 남는 것은 무엇인가? 대답은 명백하다. 수치를 모르는 일이다."

그리고 다시 말한다. "독자 여러분, 수치는 동양의 전매특허가 아니다."

후기

    일본 문화론의 변용에 대하여 고찰한 이 책이 성립하게 된 데에는 몇 가지 준비 단계가 있었다. 각 단계에서 이 테마의 발전에 많은 귀중한 조언을 받았다. 처음부터 이 테마로 정리하게 된 것도 이러한 기회가 있었기 때문이다. 이를 감사하는 마음으로 여기에 기술하고자 한다.

    우선 1988년 3월에 '일본 연구의 현재' 라는 제목의 국제 심포지엄이 있었고 그곳에서 "Cultural Relativism and Anti-relativism—Culture and Identity in Postwar Japan" 이라는 소논문을 발표하였다. 여기서는 6명의 일본인 연구자가 논문을 발표하고 그리고 6명의 외국인 연구자가 코멘트를 하는 형태로 진행되었다. 이것이 일본 문화론의 변용에 대하여 생각해 보게 된 첫번째 기회였다.

    다음으로 이 영문 발표 논문을 일본어로 발표하였다 (「전후 일본에서의 문화와 아이덴티티의 추구」, 『국제 문화 포럼 통신』 제5호, 1988년 12월).

    세 번째로 1988년 가을 학회(일본 민속학, 인류학 연합대회)에서 '『국화와 칼』과 일본의 문화인류학' 이라는 심포지엄을 주재하고 사회를 보았다. 여기서는 세대를 달리하는 일본의 문화인류학자 10명에게 『국화와 칼』의 영향과 문제점을 토론하게 하였다.

네 번째로 『국제 문화 포럼 통신』에 발표했던 논문을 토대로 대폭 수정, 증보하여 새롭게 써서 『中央公論』 1989년 6월호, 7월호 2호에 걸쳐 「전후 일본과 일본 문화론」이라는 제목으로 발표하였다.

다섯 번째로 1990년 3월에 국제 일본문화연구센터의 '제3회 국제 연구 집회―세계 속의 일본'에서 「일본 문화 연구의 현재」라는 제목으로 연구 발표하였다.

대체로 이상 다섯 단계를 거쳐 나름대로 연구 테마를 발전시킨 것이 이 책이다. 이 책은 『中央公論』의 논문을 기본으로 하고 있지만 대폭 수정을 하고 새롭게 쓴 원고로 이루어져 있다. 본서의 내용은 모두 필자의 책임이지만 이상 5가지 단계에서 직접, 간접으로 받은 코멘트나 문제점에 대한 지적에 대해 깊은 감사를 드리며 또한 발표의 장을 주신 관계자, 책임자 분들께 감사를 드리고 싶다. 특히 최초에 외무성에서 주재한 국제 심포지엄에서 필자의 발표에 대한 코멘테이터를 맡아 주신 어네스트 게르너 교수(영국 케임브리지대학 사회인류학과 주임 교수)와 국제 일본 문화연구센터의 국제 연구 집회에서 나의 발표에 대한 코멘테이터를 맡아 주신 하루미 베후 교수(미국 스탠포드대학 인류학 부교수)에게 감사드린다.

이러한 일련의 형태로 발표한 필자의 논문에 대해 해외의 출판사들이 관심을 기울이고 또한 미국의 대학으로부터 이 테마를 중심으로 강의를 해 주었으면 좋겠다는 신청이 있었다. 이는 앞으로 더욱 일본 문화론이라는 테마를 전개하는 것과 함께 이 책에서는 다루지 못하였던 면을 채우고 싶다고 생각하고 있는 필자에게는 고마운 일로, 이를 더욱 발전시켜 될 수 있는 한 빠른 시일 내에 영어판을 내고자 한다.

마지막으로 국제 문화 포럼의 가사하라 다카시(笠原隆) 씨, 중앙공론(中央公論) 편집부의 고노 미치카즈(河野通和) 씨, 그리고 이 책을 출판하는 데 도움을 주신 중앙공론사 서적 편집부의 시모카와 마사에다(下川雅枝) 씨에게 깊은 감사를 드리고 싶다.

1990년 6월

아오키 다모쓰(靑木保)

역자의 말

이 책은 『'日本文化論' の變容』(靑木保, 中央公論社, 1990
년 7월)을 번역한 것이다. 1990년 당시 도쿄대학에 유학중
이었는데 어느 날 학교 구내서점에 가 보니 이 책이 산더
미처럼 쌓여 있었다. 일본 문화론을 다룬 책은 상당히 인
기가 있는 편이라 항상 새로운 일본 문화론 책이 나오면
가장 잘 보이는 서가에 높이 쌓여 있는 것은 상례였다. 이
책도 그중 한 권에 불과하리라는 생각에 그다지 주의를 기
울이지 않았다. 그리고 일본 문화론이 대개 일본의 어느
한 부분에 불과한 것을 마치 전체인 것처럼 과대 포장하는
측면이 있기 때문에 어느 정도 불신감을 갖고 있던 것도
사실이다.

그런데 본인도 어떤 면으로는 일본의 한 시대를 문화론
적으로 다루게 되었다. 물론 한국외국어대학교에서 문학
으로 석사학위를 받았고 일본에서도 문학적 소양을 바탕
으로 연구를 계속하였기 때문에 보통 사회학자나 문화인
류학자가 일본 문화를 바라보는 눈과는 상당히 차이가 있
으리라고 생각하나, 『에도 시대에 있어서의 '미타테' 문화
의 종합적 연구』라는 제목으로 박사 학위 논문을 제출하
였다. 미타테란 일본의 문예 용어로서 상당히 복잡한 의미

를 지니고 있으므로 여기서는 그 논의를 피하고 싶으나 극히 간단하게 말해서, 고전 및 도상(圖像)을 패러디하거나 자연물을 인위적으로 모방하는 것을 의미한다. 이러한 패러디나 모방이 에도 시대(1600년 무렵부터 1867년까지)의 문화 현상으로 가장 중요하게 작용하였다. 그러므로 에도 문학과 문화 중에서 대표적인 게사쿠(만화의 원형이라고 할 만큼 화면에서 그림이 차지하는 비중이 큰 소설, 기뵤시를 비롯하여 대중적인 문학), 가부키(서민 연극), 우키요에(에도 시대의 판화), 그림책, 거리 예능(見世物) 등을 통해 일본 문화의 특징을 고찰하였다.

1996년 1학기에는 숭실대학교 일본학과에서 일본 문화론 수업을 담당하게 되었다. 아직 한국인으로 일본 문화론을 전공한 사람은 그다지 많지 않았고 나의 전공이 비슷하기 때문에 이 강의가 주어졌다고 생각한다. 그러나 한국에서 일본 문화론 텍스트로 적합한 서적이 없었다. 그나마 한경구(「일본인론·일본 문화론」, 『일본·일본학』, 오름, 1994)가 입문서가 되어 주었다. 이 논문의 주요 부분은 본서를 정리한 것으로 요점이 잘 지적되어 있다. 그 이외에는 일본 문화론을 다룬 논문 및 단행본을 시간 시간 정리하여 강의하였다. 이 수업에서 학생들의 리포트로 이 책을 번역하게 하였다. 1인당 4쪽씩 번역하였으나 아직 일본어를 배운 지 일천하기 때문에 상당수가 정확한 번역과는 거리가 있었다. 그러나 빨간색 볼펜으로 수정해 나가며 1학기가 끝나기 전에 완성시킬 수 있었다. 일본어를 배운 지 1년 정도밖에 지나지 않은 학생들이 정말 열심히 해 주었다. 이 학생들의 리포트를 몇 번씩 교정하고 주를 넣음으로써 번역이 완성되었다. 그러므로 이 책의 문장에 대한 책임은 100% 역자에게 있다고 할 수 있다.

일본 문화론은 시대에 따라 변화해 가고, 그리고 그 변화는 시대 상황과 커다란 관계를 맺는다. 이것이 아오키의 분석이다. 『국화와 칼』을 기점으로 삼아 일본 문화론의 시기를 크게 넷으로 구분하여 각 시대를 리드하는 일본 문화론을 중심으로 내용을 펼쳐 나가고 있다. 여기서 일본 문화론의 흐름뿐만 아니라 그 시대를 대표하는 일본 문화론의 키워드를 통하여, 일본 문화의 논점에 대한 이해는 물론 일본 문화에 대한 이해 또한 깊어질 수 있을 것이다.

그리고 이 자리를 빌어 리포트를 열심히 작성해 준 학생들에게 감사의 뜻을 밝히고 싶다.

김현주, 정혜진, 김도윤, 노종현, 함은주, 김나미, 김정숙, 류동윤, 박지영, 강수성, 이선미, 이묘향, 양혜경, 이준심, 최정미, 김정란, 임양순, 안소연, 이연희, 유연선, 박은희, 이수정, 최방열, 김성하, 박은경, 김수진, 박진숙, 김연희, 문형일, 이동익, 박성연, 박지영, 차규현, 이성원, 이인옥, 임효영, 김종래(무순)

또한 교정 단계에서 도와준 명지대학교 일본어과 학생 구언정과 정다운에게 감사한다.

마지막으로 어려운 출판 여건에서도 일본학 연구의 기초가 되는 양서들을 의욕적으로 출판하시는 한림대학교 한림과학원 일본학연구소 지명관 소장님 그리고 히구치 요코 씨께 감사드린다.

저자 : 아오키 다모쓰(靑木保)

1938년 도쿄 출생

조지(上智)대학 문학부 및 오사카대학 문화인류학 전공 졸업

도쿄대학 대학원 문화인류학 전공 과정 수료

오사카대학 교수 역임

현재　도쿄대학 교수

저서　『儀禮의 상징성』(岩波書店, 1984)

　　　『문화의 번역』(東京大學出版會, 1978)

　　　『침묵의 문화를 찾아서』(日本經濟新聞社, 1976)

　　　『문화의 부정성』(中央公論社, 1988) 등 다수

역자 : 최경국(崔京國)

1985년 한국외국어대학교 일본어과 졸업

1995년 도쿄대학 대학원 표상문화론 전공/박사 과정 수료

　　　(학술 박사)

전공　일본근세문학

현재　명지대학교 일본어과 교수

저서　『造物趣向種三種』(太平書屋, 1996)

주요논문　「江戸時代における見立て文化の總合的研究」,

　　　박사 학위 논문, 1995.

　　　「畵中に詩あり」,「日本の美學」(ぺりかん社, 1994)

　　　「戲作における開帳の見立物研究」(일본국문학자

　　　료관, 1992)

이 책은 한림대학교 한림과학원 일본학연구소에서 발행한 한림신서 일본학총서 30
『일본 문화론의 변용』을 재출간한 것입니다.

일본 문화론의 변용

초판 5쇄 발행   2012년 3월 15일
지은이   아오키 다모쓰
옮긴이   최경국
발행인   고화숙
발행   도서출판 소화
등록   제13-412호
주소   서울시 영등포구 영등포동 94-97
전화   02-2677-5890, 02-2636-6393
팩스   02-2636-6393

ISBN 978-89-8410-142-5
잘못된 책은 언제나 바꾸어 드립니다.

값 10,000원